평생공부로
일궈낸 행복

평생학습人 에세이 1
평생공부로 일궈낸 행복

초판 1쇄 펴낸 날 / 2022년 1월 1일

지은이 | 강정희 등 25인
펴낸이 | 류수노
펴낸곳 | (사)한국방송통신대학교출판문화원
　　　　03088 서울특별시 종로구 이화장길 54
　　　　대표전화 1644-1232
　　　　팩스　　 02-741-4570
　　　　홈페이지 http://press.knou.ac.kr
　　　　출판등록 1982년 6월 7일 제1-491호

ⓒ강정희 등 25인, 2022

ISBN 978-89-20-04244-7 04040
값 15,000원

- 잘못 만들어진 책은 바꾸어 드립니다.
- 이 책의 내용에 대한 무단 복제 및 전재를 금하며, 저자와 (사)한국방송통신대학교출판문화원의 허락 없이는 어떠한 방식으로든 2차적 저작물을 출판하거나 유포할 수 없습니다.
- '책속에 지혜'는 (사)한국방송통신대학교출판문화원의 패밀리 브랜드입니다.

평생학습人 에세이 1

평생공부로
일궈낸 행복

강정희 공윤현 구윤철 김동영 김상문
김순희 김영은 김영주 김용현 김윤환
나태주 라승용 박라연 방현희 신동훈
이금형 이진석 이창건 이홍우 전은경
조연환 최수근 최영준 하지영 황홍규

책속에 지혜

개교 50주년 기념 동문 에세이집을 펴내며

배움에 매혹된 삶의 기록

우리 사회에는 한동안 "배우지 못한 한(恨)"이 가득차 있었습니다. 일제강점기에 이어 전쟁의 폐허에서 생존하느라 배우지 못한 우리 부모님들은 대개 무학(無學)의 농부였지만, 자식들만은 가르쳐야 한다는 일념으로 갖은 희생을 마다하지 않았습니다. 그런데도 형편은 녹록지 않아서 대학 진학은 1960년대에 100명 중 6명에 불과했고, 1980년이 되도록 30명을 넘지 못했습니다. 배우지 못한 한이 상당 기간 이어졌지요.

1972년, 배움을 향한 여망에 부응하고 인재를 양성한다는 국가정책에 따라 우리 한국방송통신대학이 설립되었습니다. 서울대학교 부설로 허름한 건물 하나에서 시작된 우리 대학이 어느덧 개교 50주년을 맞아 세계적인 종합대학교로 성장했습니다. 자그마한 옹달샘에서 거대한 호수가 된 것이지요. 80만에 이르는 졸업생이 이곳에서 이미 배움의 갈증을 풀었고, 현재 10만 재학생이 꿈을 키우고 있습니다.

머잖아 100만을 바라보게 될 우리 방송대인은 모두 배움이 간절해서 주경야독과 형설지공의 의지로 공부에 매진한 분들입니다.

조선 의병장 조헌은 쟁기질하면서 밭두둑에 책을 걸쳐놓고 읽었고, 귀양 간 송나라 학자 장무구는 호롱불을 밝힐 기름이 없어 14년간 디딤돌이 파이도록 새벽 창가에 서서 책을 읽었다고 합니다. 우리 방송대인의 공부에 대한 열정도 그에 못지않습니다.

이런 열정만큼이나 사회 각 분야에서 그리고 자기 직업에서 보석처럼 빛나는 방송대인이 많습니다. 이분들은 한결같이 그 공을 방송대에 돌립니다. 방송대가 그 힘의 원천이라는 거지요.

2022년은 방송대 개교 50주년입니다. 반세기를 돌아보고 미래 50년을 내다보는 시점에서 '자랑스러운 동문 50인'의 특별한 이야기를 책으로 펴내 기록으로 남깁니다. 이 책이 널리 읽혀 평생교육의 가치를 확산시키고, 다양한 분야에서 동문 선배들이 이룬 빛나는 사회적 성취가 후배들에게 희망의 사다리가 되기를 바랍니다.

이 책은 비록 동문 50인의 사연으로 엮였지만, 80만 동문 모두의 이야기와 다를 바 없습니다. 일하며 공부하며 사랑하며 살아온 이 이야기들이 재학생은 물론 미래의 방송대인을 넘어서 온 국민을 평생 배움의 열정으로 물들이기를 바랍니다. 또, 그 가치가 '봄을 불러내는 민들레'로 퍼져 우리 사회가 배움과 공부에 '매혹된 삶'으로 가득하기를 바랍니다.

2022년 1월, 개교 50주년을 맞아
한국방송통신대학교 총장 류수노

차 례

개교 50주년 기념 동문 에세이집을 펴내며   4

01 피어나지 않는 꽃은 없다

강정희_ 내일은 밝은 해가 뜨겠지   10

공윤현_ 배움의 즐거움   20

구윤철_ 제2, 제3의 인생설계소, 나의 방송대   32

김동영_ 배움에는 끝이 없다   44

김상문_ 내게 즐거움과 젊음과 건강을 준 학교   56

김순희_ 내 삶을 지켜준 그림자   66

김영은_ 나의 40년 길동무   78

김영주_ 피어나지 않는 꽃은 없다, 늦게 필 뿐   88

02 매혹된 삶

김용현_ 더 높이 날기 위한 도약대   102

김윤환_ 코로나 시대, 지구별 교육은 우리 학교가   114

나태주_ 시를 잘 쓰기만 하면 되었지 하다가   126

라승용_ 열정으로 이루어가는 꿈 136

박라연_ 빛과 그림자 148

방현희_ 매혹된 삶 158

신동훈_ 중년의 도전과 응전 168

이금형_ 오늘의 나를 있게 한 힘의 원천 180

이진석_ 평생학습의 동반자 190

03 고귀한 꿈의 터전

이창건_ 아름다운 시간표 202

이흥우_ 볼륨을 높여라 214

전은경_ 학습하는 인간이 된 보람 226

조연환_ 비단산으로 간 산림청장 236

최수근_ 세 가지 선물 248

최영준_ 방송대에서 시작해 방송대로 이어진 삶 260

하지영_ 고귀한 꿈의 터전 270

황홍규_ 교재로 먼저 만난 인연 282

평생학습人 에세이 1 『평생공부로 일궈낸 행복』

01
피어나지
않는 꽃은
없다

서울 근교에 공방 들일 데를 알아보면서 거기에 옻나무도 심는 등 자연 친화 환경 조성을 구상했다. 방송대에 재입학하면서 자연스럽게 농학과를 선택한 이유다. 나는 그때부터 나전칠기 부문 무형문화재를 꿈꾸었다. 지난해는 국제 온라인 전시회에 참여하여 80여 명의 해외 작가들과 소통했다. 우리 방송대인의 매력인 인내심이 내게도 전이되어 큰 힘이 되었다.

내일은 밝은 해가 뜨겠지

강정희_2021 농학과 졸업, 전통공예가

나는 2021년 2월, 환갑을 훌쩍 넘긴 나이에 방송대 농학과를 졸업했다. 방송대는 두 번째다. 1996년에는 경제학과에 입학만 하고 졸업은 못 했다. 그 아쉬움을 25년 만에 털어낸 셈이다.

내가 고등학교 1학년일 때, 아버지는 교통사고로 갑자기 돌아가셨다. 3남매의 맏이던 나는 졸지에 소녀 가장이 되었다. 두 동생을 돌보는 한편 시험문제 프린트물을 만드는 필경 아르바이트로 고등학교를 겨우 마쳤다. 대학 진학은 생각할 수도 없었다.

곧바로 취업하여 일하는 중에 결혼하여 가정을 꾸리고, 두 아이를 키우는 직장맘이 되었다. 학업에 대한 열망만은 식지 않아서 방송대 경제학과에 입학했다. 하지만 직장 생활과 두 아이의 양육만으로도 벅찬 형편이어서 학업을 병행하기란 만만치 않았다. 결국, 졸업하지 못하고 언제가 될지 모를 다음을 기약해야 했다. 서른아홉 살의 일이다.

나전칠기의 매력에 빠져

배움에 대한 목마름이 갈수록 더해가던 참에 우리 전통공예의 진수를 보여주는 나전칠기를 만났다. 공예는 평소에도 관심을 가져온 분야라, 나전칠기 무형문화재 전수자가 사라져간다는 TV 뉴스를 보고 대번에 관심이 끌렸다. 그 순간 "가장 한국적인 것이

야말로 세계적인 것"이라는 확신이 들었다.

  어떤 사명감과 함께 나전칠기의 매력에 푹 빠진 나는 온통 나전칠기 공예에 몰두했다. 작품 활동에 매진하는 가운데 전국 규모의 전통공예 공모전에 여러 번 출품하여 많은 상을 받았다. 문화재청이 주관하는 문화재 수리 기능자 자격증까지 취득했다.

두 번째는 농학과로 간 까닭

  서울 근교에 공방 들일 데를 알아보면서 거기에 옻나무도 심는 등 자연 친화 환경 조성을 구상했다. 방송대에 재입학하면서 농학과를 선택한 이유다. 나는 그때부터 나전칠기 부문 무형문화재를 꿈꾸었다. 우리 전통공예를 세계에 널리 알리고 싶었다.

2020년은 코로나로 인해 작품 활동과 전시에 많은 제약이 있었지만, 프랑스, 멕시코, 터키, 싱가포르 등에서 열린 국제 온라인 전시회에 참여하여 80여 명의 해외 작가들과 소통하고, SNS를 통해 활발하게 교류했다.

우리 방송대인의 매력인 인내심이 내게도 전이되어 큰 힘이 되었다. 언제나 굽힘 없이 자기 분야에서 꾸준하게 노력하는 동문의 모습들이 내게 큰 격려가 되었다.

나도 이제 "자랑스러운" 방송대인

2018년, 평생학습 부문에서 '자랑스러운 방송대인상'을 받았다. 인도네시아, 베트남 등의 한국문화원에서 전시회를 열어 우리 문화와 전통공예를 널리 알리고 평생학습을 위해 열심히 노력한 공로를 인정받은 것이라고 했다. 또, 농학과 학생회장을 맡아 소통과 희망의 사다리 역할을 한 것도 고려했을 것이다. 내 나름으로는 잘해보겠다고 했지만, 그렇게 큰 상을 받으리라고는 생각지 못해서인지 날아갈 듯 기뻤다.

자기 분야에서 열심히 일하며 자긍심을 갖고 학업에 힘쓰는 것도 행복한 인생을 사는 밑거름이 될 것이다. 그동안 힘든 일도 많았지만, 내일을 위해 인내했다. 방송대의 온라인 강의 듣기, 출석수업, 과제물 제출 같은 모든 과정이 나로서는 어려웠지만, 꾹 참고 하나씩 이뤄내면서 스스로 단련되었다.

무엇보다 2020년 4월에 출간된 류수노 총장님의 수필집 『넘어져도 괜찮아』는 내게 무한한 위로와 용기를 주었다. 누군들 넘어져 보지 않은 인생이 있을까마는 나도 넘어질 만큼 넘어져 보아서 그 심경에 십분 공감이 갔다.

류 총장님은 넘어져 힘들 때마다 다산 선생이 유배 중에 쓴 책을 읽으면서 마음을 다스렸다니, 동병상련의 처지에서 배우며 지혜를 얻고 용기를 냈을까. 넘어져서 불우한 시기에 다산 선생을 만나서 전화위복으로 오히려 행복했다니, 인생이란 참 단면만으론 알 수 없는 것 같다.

리더의 자리

나는 농학과 제38대 학생회장 자리를 덜컥 맡고 말았다. 조직이 크든 작든 리더의 자리는 지혜도 있어야 하고 자기희생도 달게 감수해야 하는 자리인데 무슨 배짱인지 몰랐다.

누구나 어떻게 살다가 어떻게 가느냐는 마음먹기 나름이겠지만, 배움에 목이 타는데 상황이 여의치 않은 사람이라면 누구든 방송대로 오라고 권하고 싶다. 방송대에서 흘린 땀은 인생에서 조금도 헛되지 않을 것이라고 자신한다.

다른 학우들보다 세대 차이가 날 만큼 나이를 더 먹은 나로서는 세대를 초월한 공감대 형성으로 학과를 이끌어가야 했으므로, 학생회장이 만만치 않은 자리였다.

저마다 의견이나 생각이 다르다는 것을 인정하지 않고, 외곬으로 자기주장만 우기는 학우까지도 인내와 포용으로 설득해내는 등 학과를 안정적으로 이끌어가는 나 자신을 보면서, 방송대가 나를 또 이렇게 성장시키는구나 싶어 고마운 마음 한량없었다.

전통문화 전파 활동과 녹색 봉사활동

나는 한국전통문화연구진흥원 부회장을 맡아왔는데, 진흥원 산하의 뿌리연구소 이사도 겸직하고 있다. 사단법인 전통문화연구진흥원은 우리 전통문화를 연구하고 계승·발전시키기 위해 공모전 및 문화 행사를 통해 널리 전파하는 활동을 수행하고 있다. 해마다 전국 예술인들이 참여하는 다양한 공모전과 전통 행사를 통해 우리 역사와 문화를 세계에 알리고 발전시키는 한편 후손에게 계승하는 일을 하는 것이다.

2021년에는 공모전 행사의 수상자 도록 편집위원을 맡아 임무를 빈틈없이 수행하기도 했다. 방송대에 다니면서 컴퓨터와 편집 작업에 익숙해진 덕분이다.

한편으로 나는 서울 여의도공원 돌보미 대표로, 20여 명의 공원 돌보미 '여의뜰' 회원들과 함께 봉사활동을 해오고 있다. 농학과에서 배운 나무 전지와 꽃나무 심기 등을 하면서 공원 모니터링을 통해 푸른 공원과 녹색 도심을 가꾸는 데 힘을 쏟고 있다.

이에 우리 여의뜰 자원봉사팀은 서울시 자원봉사상을 받았다. 자원봉사자들 가운데 방송대 농학과에 편입한 사람이 둘이나 되었다. 두드리면 열린다. 내가 방송대에 다니면서 갖게 된 확신이다.

25년을 기다려온 졸업

방송대 교수님들은 우리 학생들이 무사히 졸업할 수 있도록 온라인과 오프라인을 오가며 많은 도움을 주었다. 지난 두 해 동안 코로나로 인해 모두 어려움을 겪었지만, 온라인 수업과 방송강의에 특화된 우리 방송대의 면목이 유감없이 발휘된 시기이기도 했다.

기회는 늘 준비된 사람의 것이라던가. 우리 방송대가 온라인 교육의 선진적 모범 사례가 된 것도 평소에 잘 준비해온 진가가 발휘된 덕분임을 몸소 체험했다.

2021년, 드디어 농학사 학위를 받음과 동시에 25년을 기다려 온 대학 졸업장을 품에 안았다. 게다가 총장님이 주는 공로상, 서울지역대학 학장상, 농학과 학과장상, 국회의원 표창장까지 받았으니 상복이 터졌다. 방송대는 나로서는 아주 소중한 인생의 전환점이 되었다.

특히 잊지 못할 일은, 농학과 학생회장으로서 서울지역대학 주최 코로나 극복 우수학생회 공모전에서 23개 학과가 참가한 가운데 최우수상을 받은 것이다.

이 공모전을 준비하면서 농학과 5개 스터디(한울회, 중농회, 남초회, 메아리, 의양회) 그룹장들의 적극적인 도움으로 코로나를 극복하는 줌(Zoom) 수업과 특별한 비대면 관리법을 연구하고 익힐 수 있었다. 공모전 최우수상 수상은 후배들에게도 좋은 자극이 될 것이며, 방송대의 코로나 극복 스터디 운영에도 긍정적으로 작용할 것이다. 특히 찾아가는 학습 서비스인 줌을 활용한 원격 수업은 획기적인 발상이었다.

졸업하면서, 농학과 장학금 수여자들이 십시일반으로 학생회에 기부한 기금 중 일부를 38대 농학과 학생회 이름으로 방송대 발전기금으로 기부한 것은 아직도 뿌듯한 자부심으로 남아 있다. 그때 학생회 임원들에게 새삼 고마운 마음을 전한다.

내 인생을 바꾼 대학

지난번에는 인천시청에서 공모하는 무형문화재 위원 선발 공고에 서류를 제출했다. 위원으로 선발될지는 모르겠지만, 응모 자격을 갖췄다는 것만으로 고진감래의 기쁨을 만끽했다. 이것도 다 방송대에서의 배움이 바탕이 되었다.

환갑 나이에야 방송대에 재입학한 나는 서툰 컴퓨터 활용 능력을 키워 과제물도 척척 작성해 낼 수 있게 되었고, 젊은 학우들과도 무리 없이 소통하고 교류할 정도로 큰 발전을 이뤘다.

방송대를 통한 배움의 여정은 한 인간을 무르익게 했으며, 무지를 깨치고 실수를 줄여가면서 지성인이 되도록 이끌었다. 방송대는 이렇게 내 인생을 바꾼 대학이다.

강정희 | 전통공예가다. 1996년 방송대 경제학과에 입학했다가 2017년 농학과로 재입학했다. 농학과 학생회장을 지냈으며, 졸업하면서 총장 공로상과 국회의원 표창장을 받았다. 2018년 자랑스러운 방송대인상, 2019년 태극기 문양 디자인 전국 공모대전 최우수상, 2020년 서울특별시장 여의뜰 자원봉사상을 받았다. 2018-2019 인도네시아 베트남 한국문화원 국제전 개인전, 2021 프랑스 멕시코 터키 싱가포르 온라인 국제전에 참여했다. 나전칠기 공예로 국제전통예술대전 금상을 받았으며, (사)한국전통문화연구진흥원 부회장, 초대작가이자 심사위원을 지냈다.

'대학로 방송대'는 만학의 보금자리이면서 내 인생을 꽃피운 곳이다. 7년 세월, 시간 가는 줄 모르고 배움의 즐거움을 누렸으니 지금도 대학로를 걷다 보면 고마운 마음이 절로 든다.

배움의 즐거움

공윤현_2011 중어중문학과 졸업, 철학박사

최근 들어 건강이 나빠져 투병 중이다. 가족이 이제는 몸이나 돌보라지만 나는 공부에서 즐거움을 느끼니, 그만두지 못한다. 요즘은 매일 식후에 걷기운동을 하고 있다. 건강이 좋아지고 있다는 의사의 격려에 더욱 힘을 얻는다. 이러한 만용도 생각해 보니, 방송대 공부 과정의 온축된 경험에서 나온 것이다. 운명은 자연스럽게 받아들여야 마음이 편하다. 책이 완성되고, 또 다행히 건강이 회복된다면, 청소년을 위한 글공부 서당을 운영하는 것이 내 소망이다.

지나온 인생길

나는 성장 과정에서 정규 교육을 거의 받지 못했다. 초등학교 6학년 때 전쟁이 터져 졸업장을 받지 못했다. 전쟁이 끝날 때까지 시골에서 농사를 지으며, 서당 글공부로 청소년기를 보냈다. 시골에서 글공부는 주로 농한기에 훈장님을 찾아가 기초한자를 배우는 정도다. 3년간의 농촌 생활이 내게 준 교훈은 근면 성실이다. 부지런해야 가난을 면할 수 있고, 성실해야 주위로부터 신뢰를 받을 수 있기 때문이다.

전쟁이 멈추고 몇 년이 지나자 사회가 어느 정도 안정되어 갔다. 1957년 무렵, 어렵게 광주상업고등학교 야간을 다니면서 낮에는 호남신문사 문선부에서 일했다. 그렇게 주경야독으로 고등학교를 졸업하고는 군에 입대했다. 1966년 12월, 군 복무를 마치고 광주지방보훈청 행정서기보로 공직생활을 시작했다. 그리고 정년퇴직할 때까지 33년간 정권이 5번 바뀌는 사이 국가정책과 행정의 변천사를 겪으면서 외길 인생을 살아왔다.

정권이 바뀔 때마다 인원 감축과 서정쇄신 등으로 공직사회의 정화가 이루어졌다. 사회정화를 위해서는 공직사회가 선도적으로 앞장서야 하기 때문이다. 직장을 정년까지 유지하기 위해서는 몇 가지 금기사항을 지켜야 했다. 신상 관리에서 청렴해야 하고, 남녀관계와 주벽 등의 풍문에서 벗어나야 한다. 국가보훈처는 국가를 위해 희생하신 선열을 기리고 그 유가족의 생활을 보살피는 기관이므로 부모 형제를 대하는 태도로 직무에 임해야 하는 사명의식이 요구된다.

공직생활을 하는 동안에 어릴 적 서당공부가 많은 도움이 되었다. 1970년대까지만 해도 관공서에서 관계 법령 등에 한자를 많이 사용했기 때문이다. 근무하는 동안 사무관 시험에 수차례 도전한 끝에 합격했다. 1988년, 서울지방보훈청 관리과장 보직을 받아 서울로 올라와서는 퇴직할 때까지 서울·경기지역에서 근무했다. 사무관 시험에서 여러 차례 실패한 경험은 내게 의지력을 키워주었다. 목표가 정해지면 이를 끝내 이루고야 마는 끈기를 길러준 것이다.

나는 서기관으로 승진한 이후 춘천보훈지청장과 국가보훈처 보훈심사위원(2급 상당)으로 재직하다 정년퇴직했다. 1999년이다.

방송대 진학과 석·박사 도전

정년 후에 사회에서 첫발을 들여놓은 곳이 성균관 명륜당이다. 이곳에서 동양고전 글공부로 서생의 생활을 즐겼다. 그러는 중에 2004년 성균관 석전교육원이 교육부 장관 설립인가 교육기관이 되었다. 총체적 학사관리 부서는 국가평생교육진흥원이며, 학점은행제로 운영되었다. 늘 배움에 대해 아쉬움을 안고 살아가던 내게 만학의 길이 열린 것이다. 나는 입학원서를 1번으로 접수했다.

교육과정은 전공과목(유학 관련) 60학점, 일반과목 80학점으로 모두 140학점을 취득해야 했다. 일반과목은 서울의 여러 대학을 돌아다니며 20대 학생들 틈에 끼어 수강해야 했다. 그리하여 2007년 2월, 석전대제 전통예술학사 학위를 취득했다.

졸업 후에 부푼 기대감으로 어느 대학 대학원에 입학원서를 제출하여 면접시험을 보게 되었다. 그런데 면접관이 대뜸 그랬다.

"70세 고령에, 일반대학교가 아닌 학점은행제를 나왔군요."

이런 부정적인 언사를 들으며 합격이 어렵겠구나, 싶었다. 무슨 면접이 정작 중요한 수학 능력 테스트는 놔두고 엉뚱한 데 초점을 두어 사람을 깎아내리니, 기분이 상하고 무척 당황했다. 결과는 뻔했다.

　실의에 빠져 있던 어느 날, 방송대 다니는 학생을 만나 얘기하다가 나 같은 고령자도 방송대에 들어갈 수 있다는 말을 듣고 기뻐서 어쩔 줄을 몰랐다. 그 이튿날 바로 중어중문학과 3학년에 편입생으로 지원하여 합격했다. 2008년 3월, 첫 수업을 받았다. 그 나이에 국립대 학생이라니, 꿈만 같았다. 즐거운 마음에 피곤한 줄도 모르고 공부했다. 출석수업과 온라인 강의를 수강하면서 시험 준비를 하는 동안 힘들기도 했지만, 중어중문학과에 동양고전 관련 과목이 많아서 일찍이 한문 배운 덕을 톡톡히 보았다. 나는 대학원 진학을 염두에 두고 다녔으니, 시험 기간이 되면 낙제하지 않도록 밤낮없이 열심히 공부했다. 그래야 한 해라도 빨리 대학원에 진학할 수 있다는 생각뿐이었다.

　그러는 사이 어느새 2년이 지나 2010년 졸업을 앞두고 고민이 생겼다. 일부 과목의 성적이 좋지 않았기 때문이다. 대학원에 진학하려면 성적을 올려야 한다는 생각에 졸업을 유보하여 이듬해에 졸업했다. 졸업과 동시에 방송대 대학원 행정학과에 입학원서를 제출했지만, 1차 서류전형에서 걸렸다. 이듬해에는 가까스로 서류전형을 통과했지만, 면접시험에서 쓴잔을 마셨다. 아마도 면접관이 고령자(당시 74세)로 학습능력을 믿지 못한 성싶었다. 이 고비에서 만학의 꿈이 꺾인다고 생각하니 아쉽고 서글펐다.

그러나 내가 살아오면서 어디 한두 번 실패해 봤나 싶어 좀처럼 포기가 되지 않았다. 다시 시작해보자는 생각으로 그전부터 해오던 한자자격시험 공부에 더 정성을 들였다. 2013년 9월, 국가공인 한자사범자격증을 취득했다. 그해 하반기에 방송대 대학원에 다시 입학원서를 내면서 한자사범자격증을 첨부했다. 그러자 그때 그 면접관이 어려운 시험에 합격한 노력을 칭찬하면서 전과는 사뭇 다른 태도로 나를 대했다. 기어이 학습능력을 증명해 보인 나의 열정에 적이 놀란 듯싶었다. 면접을 마치고 나서 한 면접관이 그랬다.

"서양속담에 젊은 늙은이가 있고 늙은 젊은이가 있다는데, 늙은 젊은이는 마치 선생님을 두고 한 말 같습니다."

고마운 말씀에 나도 모르게 눈시울을 붉혔다. 이렇게 해서 시작된 방송대 대학원 생활은 하루하루가 즐거웠다. 더욱이 두 번이나 떨어진 끝에 대학원생이 되었으니 얼마나 감개무량했겠는가. 그래서 공부도 더 열심히 해서 4학기 만에 졸업논문 「인정(仁政)에 관한 연구: 『논어』의 군자상을 중심으로」로 행정학 석사학위를 받았다.

오늘날 국가지도자가 당면한 문제를 풀어가는 데 갖추어야 할 품성과 특성을 논어에 나오는 군자상을 통해 규명하고자 했다. 통과만 되어도 감지덕지할 일인데, 생각지도 못한 논문우수상까지 받았으니 날듯이 기뻤다. 그날의 영광이 있기까지 보살펴준 여러 교수님에게 감사하는 마음이 한량없다.

  방송대에서의 공부와 경험이 없었다면 성균관대 유학과 박사과정 공부는 꿈도 꾸지 못했을 터였다. 2016년, 방송대 대학원 졸업과 동시에 후기 성균관대 유학과 박사과정에 지원했다. 면접관의 첫 질문에 나도 그 까닭을 모르겠다고 했다. 정말 그랬다.

  "행정학과 석사 졸업생이 어떻게 유학 전공 철학박사 과정에 진학할 생각을 하셨습니까?"

"저도 모르겠습니다. 그냥 마음이 끌려서 왔습니다."

면접관은 어이없는 대답에 어이없어 웃었지만, 나의 석사과정 이 전공은 행정학인데 학위논문은 유교 철학에 관련된 것, 한문 사범자격증을 가진 것, 학부와 대학원에서의 성적이 우수한 것에 주목하여 진지하게 질문을 던졌고 논어 원문과 중국어 해석 능력을 시험했다. 나는 내 대답이 많이 부족하다고 느껴 합격을 예감하지 못했다.

하지만 진인사대천명이라고, 나는 할 바를 다했으니 기다릴 수밖에 어쩌겠는가. 별로 기대하지 않으면서도 마음 졸여 기다렸다. 뜻밖에도 합격 통지가 왔다. 하도 기뻐서 꿈인가 생시인가 했다.

박사과정 수업은 교수님 강의, 수강생 연구발표 그리고 과제물 제출 순으로 진행되었다. 강의를 듣는 일이 제일 어려웠다. 고령으로 시력과 청력에 일부 장애가 있고, 심부정맥혈전증 치료 중이었기 때문이다. 그러나 방송대에서의 경험과 저력을 살려 종합시험과 학술지 논문 게재, 본 논문 심사 등 어려운 과정을 해낸 끝에 2021년 8월 철학박사 학위를 받았다.

배움의 즐거움이 젊게 사는 비결

나는 대학로를 잊지 못한다. 나에게 젊게 사는 길을 안내해준 곳이기 때문이다. '대학로 방송대'는 만학의 보금자리이면서 내 인생을 꽃피운 곳이다. 7년 세월, 시간 가는 줄 모르고 배움의 즐거움을 누렸으니 지금도 대학로를 걷다 보면 고마운 마음이 절로 든다. 그래서 나는 '평생교육의 전당으로서 배움의 즐거움을 제공하는 방송대'를 널리 알려서 보다 많은 사람이 만학의 즐거움으로 만년을 인간답게 살 수 있도록 도와야 한다는 생각이다.

현대사회는 정보화 사회. 제아무리 좋은 제도라도 사람들이 몰라서 그 혜택을 누리지 못하면 아무 소용이 없다. 평생교육 기관으로서 방송대가 좋은 점은 여러 가지다. 학생모집 난에 고령자에 대한 모집인원이 명시되어 있다는 점, 평생교육을 구호에 그치지 않고 실천한다는 점, 학비가 일반대학의 10분의 1에 불과하다는 점, 게다가 70세 이상은 전액 면제된다는 점, 우수한 교수진을 갖추고 교재를 독학자 중심으로 구성했다는 점 등을 들 수 있다.

내가 다닌 중문학과 학생들은 30~40대에서 50~60대까지 거의 기성세대다. 그래서 대화가 잘 통한다. 게다가 백천스터디 학습실을 자체 운영해서 학업에 열중할 수 있었다. 이런 교육환경에서 학문을 진작시키는 바를 유학에서는 붕우책선이우보인(朋友責善以友輔仁)이라 한다. 벗이 서로 착함을 권함으로써 벗에게서 어짊을 보완한다는 뜻이다. 그래서 학우들과 함께하는 배움은 즐겁다.

방송대 선배 중에 27년간 9개 학과를 졸업하고도 현재 사회복지학과에 재학 중인 학생(김상문)이 있는데, 이런 말을 했다. 내가 하고 싶던 말이다.

"방송대는 내 노년 생활 중 젊음의 묘약이요, 꿈의 동산입니다."

이는 배움의 즐거움으로 '늙은 젊은이'가 되었다는 증거다. 1개 학과 졸업도 쉽지 않은데, 무려 9개 학과를 졸업하고도 그 배움은 쉴 줄을 모르니, 그 열정이 놀랍고 존경스러울 따름이다.

앞으로의 계획도 역시 배움

앞으로 할 일? 너무 많아 선후를 가리기 어렵다. 명색이 박사 졸업을 하고 보니, 성균관이나 향교 같은 데서 강의 요청이 오곤 한다. 하지만 나 자신을 돌아보자니 아직 내 배움도 턱없이 부족한데 누구를 가르친다는 건 두려운 일이다. 그동안 방송대 학부에서 성균관대 대학원 박사까지 13년의 공부를 쌓았다지만, 그건 대부분 학사일정에 맞춰 학점 따고 논문 통과하기 급급한 학습이었지 정작 내 공부를 한 시간은 거의 없었다.

그래서 이제부터라도 내 공부를 찾아 몰두하고 싶다. 우선은 사서삼경 공부다. 유학의 가르침은 현실적이고 간명하다. 논어에는 '서(恕)' 하나만 알아도 평생 덕을 베풀고 살아가는 데 부족함이 없을 것이라고 했다.

"나 자신이 원치 않는 일을 남에게 강요하지 않는 것(己所不欲勿施於人)"이 서(恕)다. 마음 심(心) 위에 같을 여(如)다. 내 마음처럼 남을 대하라는 뜻이다. 이렇게 삶의 진리를 궁구하는 공부가 어찌 즐겁지 않을 것인가.

나는 여생은 운명에 맡기고 편안하게 후회 없이 살고 싶다. 그래서 박사학위 논문을 중심으로 부족한 점을 더욱 보완하기 위해 책을 쓰려 한다. 주제는 '목은 이색의 천인무간적 철학사상(天人無間的哲學思想)'이다. 목은은 고려말 유학자로, 우리나라 성리학의 초석을 놓은 것으로 평가한다. 그의 핵심사상을 오늘날의 시대정신으로 재해석하는 것이 나의 연구계획이다.

공윤현 | 철학자다. 공직 정년퇴임 이후에도 평생공부에 매진하고 있다. 성균관 석전교육원(전통연희과), 방송대(중어중문학과), 방송대 대학원(행정학 석사과정), 성균관대 일반대학원(유학과 박사과정)을 졸업하고, 서울대 행정대학원 국가정책과정(1년)을 수료했다. 국가보훈처 춘천보훈지청장, 보훈심사위원을 지냈다. 대통령표창, 홍조근정훈장을 받았다.

내가 한껏 누린, 방송대가 주는 혜택은 대한민국 국민이라면 누구나 누릴 권리가 있다. 방송대는 명실상부한 국민대학이자 평생대학이다. 누구라도 배움에 목마른 인생의 후배가 있다면 자신 있게 권한다. 방송대에 입학하라고. 내 후배가 되어 달라고. 배움을 열망하는 그 후배가 직장인이라면 특히 방송대 프로그램을 활용하라고.

제2, 제3의 인생설계소, 나의 방송대

구윤철 _2007 법학과 졸업, 국무조정실장

"명문대 나온 사람이 왜 또 방송대를 다니지? 이상하네! 무슨 다른 꿍꿍이가 있는 거 아냐?"

내가 방송대에 들어가고 나서 주위 사람들에게 들은 말이다. 방송대를 잘 몰라서 하는 말일 수도 있겠지만 그보다는 나를 생각하고 걱정하는 마음에서 하는 말일 게다.

나는 자신 있게 대답한다. 전혀 이상하지 않다고. 다른 꿍꿍이 같은 건 없다고. 이른바 명문대를 졸업하고도 방송대에서 새로운 공부를 시작하는 사람이 생각보다 많다고. 여러분이 방송대를 잘 몰라서 그러시는 거라고. 그러니 몸소 한번 다녀보시라고.

굳이 방송대로 간 까닭은

나는 서울대에서 경제학을 전공하고, 동 대학원에서 행정학(석사과정)을 전공했다. 이어 중앙대에서 무역물류학(박사과정) 전공으로 경영학 박사학위를 취득했다. 그리고 행정고시 재경직에 합격하여 1989년 재정경제원(지금의 기획재정부)에서 공직자로서 첫발을 뗐다. 그로부터 십수 년이 지난 2003년쯤에야 나는 방송대를 처음 알았다. 기획예산처에서 근무하다가 참여정부 출범과 함께 청와대로 파견근무를 나갔을 무렵이었다.

어떤 모임 자리에서, 경제학을 전공한 공직 선배가 국제변호사가 되었다는 이야기를 들었다. 경제학도가 뜬금없이 변호사라니? 영문을 알아보니 그 배경에는 방송대가 있었다. 그 선배는 방송대에서 법학사를 취득한 데 이어 미국의 LLM(Legum Magister)을 마침으로써 국제변호사 시험 응시자격을 얻었다. 그 시험에 합격하여 마침내 국제변호사가 된 것이다. LLM은 일 년짜리 법학 석사과정이다. 그런 일을 해낸 선배가 부럽기도 했고, 업무 과정에서 법학의 필요성을 느끼던 터에 귀가 솔깃했다.

달마는 부처님 말씀을 전하러 동쪽으로 갔다지만, 나는 새로운 공부를 하러 방송대로 갔다. 2005년 3월에 나는 방송대 법학과 3학년에 편입학하여 본격적으로 법학 공부를 시작했다. 당시 청와대에서 함께 근무하던 서울대 동기도 방송대에 나란히 입학했다.

제3차 민관규제혁신정책협의회 주재(2020. 7)

두 마리 토끼를 키울 수 있었던 비결은

당시 나는 정부 정책의 전반을 살피는 청와대 국정상황실에서 근무했다. 일선 부처와는 비할 바 없이 업무 강도가 세고 바빴다. 매일 아침 일찍 출근하려면 새벽에 일어나야 했고, 퇴근해 돌아와 씻고 나면 자정을 넘기기 일쑤여서 아침 일찍 출근하려면 천근만근이 된 몸으로 곧바로 잠자리에 들어야 했다. 그러나 학생으로서의 본분도 게을리할 수 없어서 그 짧은 잠 시간마저 잘라내야 했다.

헌법, 민법, 형법, 형사소송법, 민사소송법 같은 처음 접해보는 법학 과목을 익히기 위해 틈틈이 인터넷 강의를 듣고, 주어지는 과제를 처리했다. 평일에는 중간고사와 기말고사를 준비할 시간이 도저히 나지 않아 주말 시간을 몽땅 투자해야 했다. 이들 시험은 범위가 교재 전체의 절반이나 되어서 주말에도 새벽에 일어나 밤늦게까지 공부에 매달려야 했다.

공직 생업과 방송대 학업. 이 두 마리 토끼를 동시에 감당하는 것은 생각보다 갑절이나 힘들었다. 하루에도 몇 번씩 그만두고 싶은 생각이 불쑥불쑥 고개를 들었다. 실제로 주경야독하는 학생들 다수가 이 고비를 넘기지 못하고 '야독'을 포기했다.

같이 방송대에 입학한 대학 동기도 일 년쯤 공부하다가 포기했다. 하지만 나는 그런 순간마다 마음을 다잡고 오히려 공부에 더욱 매진했다. 일 주간의 '출석수업'은 휴가를 내서 참석했다. 출석수업에 휴가를 다 써버려서 가족과 짧은 여행도 가지 못했다. 그래서 원망도 들어야 했다.

그렇지만 고진감래라 했던가. 어느덧 두 해의 고단한 세월이 지나고, 졸업이라는 달콤한 열매를 맛보았다. 포기하고 싶은 순간도 많았지만, 애써 즐거운 마음으로 공부한 끝에 학업을 마칠 수 있었다.

그렇게 법학사 학위를 딴 나는 그 선배처럼 국제변호사가 되지는 않았다. 내가 미국 워싱턴으로 파견 나가 일할 무렵은 LLM 과정이 없어진 뒤였다. 그렇다면 내 법학 공부가 쓸모없게 된 걸까? 전혀 그렇지 않다. 방송대 공부를 통해 국제변호사보다 더 가치 있는 일들이 많다는 걸 알게 되었다. 한층 깊어지고 넓어진 안목으로 더 많은 것을 더 깊고 더 멀리 볼 수 있게 되었다.

그래서일까? 나는 청와대에서 근무하면서 기록 아닌 기록을 세웠다. 4급 서기관으로 파견 나가서 1급 국정상황실장까지 승진한 것이다. 인사비서관을 겸직하기도 했다. 직업공무원으로는 유례없는 초고속 승진이다.

순전히 방송대 공부 덕이라면 과장이겠지만 청와대 생활뿐 아니라 이후 공직자로 살아가면서 숱한 업무성과를 내는 데 방송대 법학과 공부가 유용한 자양분이 된 것만은 틀림없다.

새삼 공부하는 즐거움을 알게 하다

법학은 경제학보다 실용적이라는 점이 내게는 큰 매력이었다. 형법, 민법, 민사소송법을 공부할 때면 법학이 이론에만 그치지 않고 현실에서 일상과 밀접하게 연결되어 있다고 느꼈다. 특히 사례 연구는 주변의 실제 사례에 법을 적용해볼 좋은 기회였다.

나는 특히 형법과 형사소송법에 재미를 느꼈다. 방송대에서 공부한 형사사건 관련 이론, 법조문, 판례를 바탕으로 언론에서 보도되는 사건들을 내 나름으로 분석하고 판결하는 일은 흥미로웠다. 그 사건이 어떤 유형인지, 쟁점은 무엇인지, 향후 재판 결과가 어떻게 나올 것인지에 대해 체계적인 사고를 갖게 된 것이다.

이전의 경제학 공부가 가계, 기업, 정부와 같은 경제주체들이 시장에서 벌이는 의사결정을 분석하고 예측하는 분석 틀을 제공했다면, 형법과 형사소송법 공부는 해당 사건에 관련된 피고인, 변호사, 검사, 판사 등 관계자들이 형사재판을 둘러싸고 구사하는 전략과 재판 결과를 예측해 볼 수 있는 안목을 길러주었다.

민법 공부는 개인 간의 채권 관계를 배울 수 있어서 유익했다. 공무원 중에 소장(訴狀)을 손수 작성하여 법원에 정식으로 소송을 제기해본 사람이 몇이나 될까? 민법과 민사소송법에 능통하지 않고서는 하기 어려운 일이다. 민사소송은 개인 간의 권리의무관계를 공정하게 규율해야 하므로 절차가 매우 복잡하다. 용어도 대부분 일반인에게는 생소하다. 그래서 변호사를 찾게 마련이다.

　나는 가족의 일로 방송대에서 법학을 공부한 덕을 보았다. 한번은 가족이 법적 다툼을 겪게 되었는데, 변호사를 선임하는 대신 내가 직접 소장을 작성하여 소송을 진행했다. 이론으로만 알던 지식을 실제로 현장에 적용하는 과정은 흥미로웠다. 공부하는 과정은 매우 고단할지라도 그것을 실제 생활에서 써먹는 순간은 참으로 짜릿했다.

여러 가지로 나를 크게 이롭게 하다

　내가 공부해 보니 방송대는 좋은 점이 참 많다. 우선, 시간과 공간의 제약을 받지 않고 언제 어디서나 학생 저마다의 수강 환경에 맞춰 배울 수 있다는 점이다. 일반 교육과정에서는 대학이 지정한 시간에 맞추어 캠퍼스 강의실을 방문해야 강의를 들을 수 있다. 아침 일찍 출근해서 밤늦게 퇴근하는 공직자가 그런 교육과정에 참여하는 것은 거의 불가능하다. 일반 회사원이라 해도 마찬가지일 것이다.

　하지만 방송대는 대부분의 강의가 비대면으로 이루어진다. 수강하는 시간과 장소를 학교나 교수가 아닌 학생들 저마다가 스스로 정한다. 평일이든 주말이든 수강하기 편한 시각에 집이든 카

페든 학생이 원하는 장소에서 강의를 들을 수 있어 기회가 넓게 열려 있다. 필요하면 인터넷 강의를 반복해서 들을 수도 있다.

다음으로, 저마다 지식의 지평을 끊임없이 확장할 수 있다는 점이다. 나는 이미 경제학, 행정학, 무역물류학을 공부한 데 더해 방송대에서 법학을 전공함으로써 배움의 영역을 더욱 넓힐 수 있었다. 법학은 나 같은 공직자라면 갖추어야 할 필수 학문이다. 내가 맡은 직무의 상당 부분이 법령을 만들고 집행하는 것이기 때문이다. 그래서 행정직 공무원 시험과목에도 민법총칙, 헌법, 행정법이 포함되었다. 다만, 그동안 쌓아온 법률 소양이 정부가 주로 다루는 행정법 영역에 치우쳐서 아쉬움이 남아 있었다.

이런 나의 지적 갈증을 풀어준 데가 바로 방송대다. 민법, 민사소송법, 형법, 형사소송법 같은 법학을 본격적으로 공부하면서 나의 편중된 법학 지식이 균형을 이루고 충만해졌다.

또, 아주 가벼운 경제적 부담으로 양질의 교육을 받을 수 있다는 점이다. 사립대학의 한 학기 등록금이 500만 원쯤이고, 국립대학도 그 절반이 넘는다. 적잖은 부담이다. 하지만 방송대 등록금은 사립대학의 10분의 1에도 못 미친다(공학 계열만 6분의 1 남짓이다). 이처럼 비교가 안 될 정도로 학비가 저렴한데도 학사 일정과 강의 콘텐츠 관리가 엄격하게 이루어져 강의 질은 국내 최고 수준이다.

방송대 후배가 더 많아지기를

내가 한껏 누린, 방송대가 주는 혜택은 대한민국 국민이라면 누구나 누릴 권리가 있다. 방송대는 명실공히 국민대학이자 평생대학이다. 누구라도 배움에 목마른 인생의 후배가 있다면 자신 있게 권한다. 내 후배가 되어 달라고. 배움을 열망하는 그 후배가 직장인이라면 특히 방송대 프로그램을 활용하라고.

내가 필요에 따라 법학을 전공했듯이 저마다 필요한 과목을 전공하면 된다. 이미 법학을 공부했다면 새로 경제학을 공부해도 좋고, 경영학을 공부했다면 새로 교육학을 공부해도 좋다. 아니면 직업상 필요한 분야를 공부해도 좋다.

규제샌드박스 2주년 성과보고회(2021. 2.)

중요한 것은 배우는 즐거움과 성취하는 보람이다. 나는 그런 인생 후배, 방송대 후배가 많이 생겼으면 좋겠다.

제2, 제3의 인생을 여는 든든한 길동무

경상도 시골에서 태어난 촌뜨기 소년. 어머니께서 장날 사다 주신 검정 고무신에 마냥 좋아하던 소박한 아이. 30분이 넘는 등하굣길이 힘들기보다 즐겁기만 하던 어린 시절이 추억으로 남아 있다. 천진난만한 그 시절에도 배우고 공부하는 일은 즐거웠다.

주위 사람들은 나를 두고 이미 성공한 인생이니 뭘 더 이룰 게 있겠는가, 하는 투로 말하지만 난 그렇게 생각지 않는다. 또 다른 새로운 분야를 찾아 공부하고 싶다. 그게 뭔지는 이미 밑그림이 나와 있다. 평소 내가 가진 하나의 신조와 관련되어 있다.

"대한민국 경제, 해외에 답이 있다."

바로 이것이다. 내 어린 시절에는 우리 집도 동네도 가난했고 나라도 가난한 개발도상국이었다. 그런 나라가 지난 50년간 해외의 수출시장에 눈을 두고 국내산업을 발전시켜온 끝에 오늘날 세계 10대 경제 강국으로 도약했다.

그리고 앞으로 50년, 100년 대한민국의 미래도 답은 해외에 있다. 지속적인 경제성장을 위해서 해외 여러 나라와 계속 교류를 확대해 나가야 한다. 더불어 이제 국제사회에서 선진국에 합당한 역할도 수행해야 한다. 새로운 세계질서 구축에 주도적으로 참여해야 하는 것은 물론 재난을 입거나 빈곤한 국가들을 과감하게 도와주는 큰 나라가 되어야 한다. 국력이 커진 만큼 커진 책임도 다해야 한다는 것이다. 나도 여기에 작은 힘이라도 보태고 싶다.

그러려면 뭘 배워야 할까? 우선 국제 흐름을 읽어내는 통찰과 지식이 필요하다. 또 국제교류에 직접 참여하려면 외국어도 중요하다. 다행히 국제감각이나 외국어(영어)는 미주개발은행(IDB)에서 근무하던 시절에 기본은 다져놓아서 활동하는 데 별 지장은 없을 것이다.

이제 기회가 된다면 방송대에 재입학해서 중국어를 공부하리라 작심한다. 가장 많은 나라에서 사용하는 언어는 영어지만, 가장 많은 사람이 사용하는 언어는 중국어다. 내가 중국어를 배워 익히면 15억 명의 사람들과 직접 소통할 수 있는 문을 하나 더 여는 것이니, 생각만 해도 설레는 일이다.

> **구윤철** | 현재 국무조정실장으로 재직하고 있다. 서울대학교 경제학과와 행정대학원(석사)을 졸업하고, 중앙대에서 무역물류학 전공으로 경영학 박사학위를 취득했으며, 미국 위스콘신대학교 대학원에서 공공정책학(석사)을 공부했다. 1989년 행정고시(재경직)에 합격하여 재정경제원 행정사무관으로 공직생활을 시작했다. 기획재정부의 요직을 두루 거쳤으며, 참여정부 대통령비서실 파견근무를 하면서 국정상황실장을 역임했다. 2017년 홍조근정훈장을 받았다.

검정고시 친구가 방송대에 들어가 함께 꿈을 이루자고 권했다. 일하면서도 맘껏 공부할 수 있는 데라며 내게 권했다. 나는 그렇게 중어중문학과에 입학하여 꿈에 그리던 대학 공부를 하게 되었다. 줄곧 학과 임원으로 활동하면서 학교생활을 즐기고, 중국어 연극반을 만들어 활동하면서 중국어도 익히고 연기도 배웠다. 배움은 책 너머 실제 삶에서 다양하게 실현될 때 더욱 빛난다는 것을 이때 알게 되었다.

배움에는 끝이 없다

김동영 _ 1995 중어중문학과 졸업, 배우

내 고향은 전남 영광이다. 나는 그곳에서도 인정이 넘치고 풍경이 아름다운 작은 마을에서 태어났다. 중학교를 마치고, 어려운 가정형편으로 고등학교에는 진학하지 못했다.

한동안 방황하던 나는 어떻게든 내 앞가림이나 하자는 생각으로 무작정 상경했다. 한창 공부해야 할 어린 나이에 남도의 구석진 시골에서 맨손으로 상경하고 보니 막막했다. 서울에 남들 다 있다는 친척은커녕 스치는 인연으로나마 아는 사람 하나 없었다. 열일곱 살, 아직 철도 덜 든 아이가 홀로 사막 한가운데 던져진 느낌이었다. 나는 두려움을 떨치고자 두 주먹을 꽉 쥐었다. 오늘의 이 절망스러운 막막함을 웃으며 얘기할 날이 올 것이라며, 마음을 다독였다.

궁핍하고 고단했던 어린 시절은 내 스승

더벅머리 소년이 서울에 올라와 처음으로 취직한 데가 양복점이다. 옷 만드는 일도 쉽지는 않았지만, 사람한테 시달리는 것이 몇 배나 더 힘들었다. 주인아저씨가 내게 대하는 게 너무 힘들어 다시는 재봉틀 앞에 앉지 않겠다며 그만두었다. 이후로 식당, 쌀가게, 공장, 술집, 밤무대 등에서 닥치는 대로 일하며 살다 보니 내 나이 어느덧 스물이 넘었다.

무슨 일을 하든 성실하고 정직하게 열심히만 하면 한세상 못살 것도 없겠다 싶었는데, 중졸의 학력이 내 발목을 잡았다.

종로 패밀리 레스토랑에서 웨이터로 일하고 있는데, 화교 집안의 내 또래 아이들 몇이 거의 죽치다시피 드나들었다. 그래서 좀 친해졌는데 제법 돈을 잘 쓰기에 내가 물었다.

"너희들 집이 다 부자인가 보다."

"아니야. 중국어 통역으로 용돈을 벌어 쓰는 거야."

솔깃한 나는 중국어가 배우고 싶어졌다. 친구들에게 가르쳐 달라 했더니 발음기호인 주음부호부터 익히라고 했다. 일주일 만에 다 외워갔더니 친구들이 깜짝 놀라 정식으로 중국어를 배워보라고 권했다. 의논 끝에 한 친구의 부모가 운영하는 중국집에서 배달원으로 일하면서 친구 아버지에게 중국어를 배우기로 했다.

나는 그렇게 배우는 것만으론 성이 차지 않아 종로 YMCA에 있는 중국어학원에까지 다니면서 더욱 열심히 공부했다. 그때 중국어 강사 선생님이 나의 열성을 기특하게 여겨 무료로 개인 교습까지 해주었다. 나중에 방송대 중어중문학과에 입학하게 된 중국어 실력은 이때 쌓은 것이다.

하지만 돈 없이 뭔가를 하거나 배우는 일은 늘 생각보다 버거웠고, 순진했던 내게 상처를 주었다. 하루는 친구 어머니가 친구를 불러 하필 중학교밖에 안 나온 애하고 어울리느냐고 얘기하는 걸 듣고 말았다. 서러움이 사무쳐 눈물이 줄줄 나왔다. 그러나 서러운 것도 잠시, 가슴 한편에 고등학교 못 간 응어리를 품고 있던 내게 그 일은 공부를 다시 시작하게 한 계기가 되었다.

그 길로 중국집 일을 그만두고 나온 나는 새벽이면 검정고시 학원에 다녔다. 학원에 다니다 보니 바닥 난 내 밑천이 훤히 들여다보였다. 그러면서 배움에 더 목이 말랐다. 그 목마름을 적시고자 낮에는 일하고 밤에는 공부하는 주경야독을 자처하여 고단한 세월을 감내했다. 몸은 피곤해도 마음은 즐거워서 희망에 찬 나날이었다. 가난하고 고단했던 어린 시절이 인생의 스승이 될 줄은 미처 몰랐다.

방송대 입학과 배우의 꿈

대입 검정고시에 합격하고 나서 내심 외국어대 중국어과 진학을 원했지만 그럴 형편이 못 되어서 낙심하고 있었다. 그때 검정고시 친구가 그렇게 넋 놓고 있을 게 아니라 방송대에 들어가 함께 꿈을 이루자고 권했다. 일하면서도 맘껏 공부할 수 있는 데라며 내게 권했다.

나는 그렇게 방송대 중어중문학과에 입학하여 꿈에 그리던 대학 공부를 하게 되었다. 1학년부터 4학년 때까지 줄곧 학과 임원으로 활동하면서 학교생활을 즐기고, 중국어 연극반을 만들어 활동하면서 중국어도 익히고 연기도 배웠다. 배움은 책 너머 실제 삶에서 다양하게 실현될 때 더욱 빛난다는 것을 이때 알게 되었다.

중국어 연극반에서는 우리 전통소설을 중국어로 번역하여 무대에 올려 큰 호응을 얻기도 했는데, 이런 활발한 연극 활동을 통해 자연히 배우의 꿈을 키웠다. 당시 방송대 본교 전산센터 2층 로비와 등나무 벤치는 나와 연극반 학우들의 전용 연습 무대였고, 중국어 회화 공부방이었고, 어울리는 놀이터였다.

1992년, 나는 재학 중에 연극을 전문으로 배우고 싶어 극단 '미추'에 입단했다. 전문 배우가 되어 후배들에게 연극을 알려주고 싶기도 했다. 미추(美醜)는 1986년 연극연출가 손진책 대표님이 30여 명의 단원을 주축으로 창단하여 창극, 마당놀이 같은 전통극 정립에 앞장서온 극단이다. 내가 입단했을 때는 이미 국내 최고를 넘어 세계로 이름을 알리던 극단이었다.

나는 미추에서 연극이론과 실기의 기초부터 한국무용, 판소리, 현대무용, 전통악기 등을 종합적으로 공부하여 전문 배우로서 무대에 서게 되었다. 2004년 서울연극제 남자배우 연기상 수상은 치열한 노력에 대한 보답이었다.

대학 과정을 마치고도 배움의 갈증은 해소되지 않았다. 그래서 내친김에 세종대 문화예술콘텐츠대학원에서 공연예술(석사)을 전공했다. 이후 세종대 미래교육원과 서울예술실용전문학교에 강의를 나가는 등 후학을 양성하는 일에도 시간을 냈다.

또 나는 방송대에서 중국어 실력을 갈고닦은 덕분에 베세토연극제의 여러 작품에서 동시통역을 맡았으며, 2007년에 중국 난징에서 공연된 마당놀이 〈삼국지 오〉의 소품 제작 감독을 맡기도 했다. 베세토연극제는 한·중·일 삼국 연극인의 공동축제로, 베이징(Beijing)·서울(Seoul)·도쿄(Tokyo)의 앞글자를 따서 베세토(BeSeTo)라고 한 것이다.

지금껏 연극 활동을 해오면서 내가 절감한 것은, 번역극이든 마당놀이든 창작극이든 (음악, 리듬, 몸짓, 분장 등에서) 우리 것이 바탕이 되어야 진정한 우리 예술이 되고, 감동을 줄 수 있다는 점이다. 이는 배우가 자기 배역을 제대로 해내려면 먼저 자기 자신을 잘 알아야 하는 것과 같은 이치다.

나는 어떻게 변검 배우가 되었나

1997년, 중국 영화 〈변검〉을 보는데 문득 저것은 내 것이라는 생각이 들었다. 변검은 중국 사천지방의 공연예술로 천극지화(川劇之花)로도 불린다. 중국 변검은 빠른 변화로 극 중 인물의 내면을 보여주는 낭만적 표현수법이 특징이다. 관객의 눈앞에서 순식간에 얼굴을 바꾸는 기예 기법은 철저하게 베일에 가려져 있다.

미추에서 함께 공연하던 선생님들께서 입버릇처럼 "우리 마당놀이 30년만 하고 그만두자!"고 했다. 그래서 무슨 대안을 찾아야겠다는 생각이 늘 맴돌았다. 나만이 잘할 수 있는 그 뭔가가 절실했다. 그러던 차에 영화 〈변검〉을 보고 무릎을 친 것이다. 그 길로 중국으로 달려가 변검을 배우고 싶었지만, 또 형편이 발목을 잡았다.

2004년, 미추의 마당놀이 〈삼국지〉 공연에 중국 경극 배우들이 참여했는데, 나는 통역을 도와주면서 자연스럽게 친해졌다. 그중 아우 삼아 지낸 동홍강(童洪鋼)에게 중국 변검을 배우고 싶다는 뜻을 내비쳤다. 다들 중국으로 돌아간 지 한참 후에 아우로부터 변검을 전수해 줄 사부를 찾았다는 연락이 왔다.

2008년 4월, 나는 가진 돈을 몽땅 털어 여비 삼아 베이징으로 갔다. 주홍무(周洪武) 사부가 반갑게 맞아 주었다. 그날로 정식 제자가 되어 처음부터 차근차근 배워 나갔다. 혹독한 훈련 과정이었다. 배움이 끝나갈 무렵, 사부에게 돌아가면 중국 변검이 아닌 한국 변검으로 재창작하고 싶다고 했다. 사부는 좋은 생각이라고 흔쾌히 허락하며 진심으로 격려했다.

"네가 중국어를 몰랐다면 통역 과정에서 변검 기법이 유출될 위험이 있어서 네게 변검을 섣불리 가르치지 못했을 것이다."

사부가 내게 변검을 가르치기 전에 한 말이다. 나는 인생의 결정적인 순간에 또 한 번 방송대 나온 덕을 본 것이다.

변검 훈련과정을 마치고 귀국한 나는 중국 변검이 아닌 '한국 변검' 구성 작업에 들어갔다. 새로운 길이어서 나는 개척자가 되어야 했다.

가면과 의상은 물론 음악과 동작 그리고 연기까지 '우리 것'에 초점을 맞춰 세심한 작업에 들어갔다. 가면은 안동 하회탈 등 우리 전통 탈놀이에 쓰인 가면을 응용하여 제작했다. 의상과 소품도 그런 방식으로 직접 제작했다.

내가 무작정 상경하여 처음으로 한 일이 양복점에서 옷 만드는 것이었다고 했다. 주인아저씨의 갑질에 질려 그만두면서 다시는 재봉틀 앞에 앉지 않겠다던 다짐을 30년 만에 스스로 거둬들여야 했다. 변검 의상과 가면을 만들기 위해 다시 재봉틀 앞에 앉은 것이다.

변검은 모든 과정이 비밀리에 준비되어야 해서 손수 해야지 남에게 맡길 수 없다. 이런 걸 보면 운명이란 참 알 수가 없다.

내가 서른한 살 늦은 나이에 극단 미추에 배우로 입단하여 연기를 배운 것도, 게다가 내가 속한 극단이 가면극, 마당놀이와 같은 전통극에 특화된 덕분에 우리 춤, 소리, 가락을 익힌 것도, 방송대 중어중문학과에 들어가 중국어를 익힌 것도 내게 한국 변검을 만들라며 신이 기획한 안배라는 생각이 들었다.

또 하나의 도전, 가수 그리고 내 삶의 목표

나는 어려서부터 가수가 되는 것이 꿈이었다. 밤무대 가수 생활도 해보고 일본 클럽에서 무명가수 생활도 해보았다.
2년 전, 어느 작곡가의 곡을 받기로 하고 연습하는 과정에서 가수의 길은 배우의 길과는 딴판임을 알게 되었다. 실제로 노래를 부르면서 느낀 건데, 가수는 참으로 힘든 직업이다.

작곡가가 요구하는 노래 연습 과정은 내가 추구하는 스타일과 너무 달라서 곡 받기를 단념했다. 그러고는 내친김에 작곡까지 손수 해보고자 작정하고 음악 공부에 도전했다. 작곡 작업은 생각보다 몇 배는 더 어려웠다. 우선 기초지식이 없다 보니 시작단계에서부터 어려움을 겪었고, 작업 중에는 돈도 많이 들었다. 하지만 나는 수업료로 여기고 끝까지 최선을 다했다.

그런 노력 끝에 마침내 자작곡 〈나팔꽃 사랑〉으로 음원 등록을 하고 가수로 홀로 서게 되었다. 변검 배우가 마지막 직업이 될 뻔했다가 이제는 가수가 마지막 직업이 되었지만, 또 언제 무슨 새로운 직업을 가질지는 나도 모른다. 앞으로 내 삶의 목표는 한국 변검을 세계에 알리고 아카데미를 운영하며 후학을 양성하는 것이다.

어떤 사람들은 차근차근 배우고 노력해서 차곡차곡 쌓아가는 삶보다 행운의 인생 홈런 한 방을 꿈꾸기도 하지만, 그것은 부질없는 욕심이다. 설령 그런 행운이 온다 해도 그건 손안의 모래 같은 것이어서 금세 빠져나가고 만다. 언젠가 본 변검 영화 주인공의 말이 생각난다.

"비결을 팔아서 번 돈은 언젠가는 다 없어지는 법이오. 그러나 비결을 간직한다면 세상에 어디를 가도 구걸은 안 하오. 능력이 있으면 세상은 내 것이고, 예술인에게는 무대가 있고 우리는 자기만의 기술을 갖고 있어야 하오."

김동영 | 현재 한국변검연구소 대표다. 연극배우·변검배우·가수로서 한국연극배우협회 이사와 ADRF 홍보대사로도 활동하고 있다. 방송대 중어중문학과, 세종대 문화예술콘텐츠대학원 공연예술학과(석사)를 졸업했다. 극단 미추 배우로 활동하는 한편 한국변검, 인형변검을 창시했다. 2004 서울연극제 연기상, 2018 위대한 한국인 100인 대상, 2019 대한민국 탑 클래스 대상을 받았다.

나는 방송대라는 놀이터에 소풍 온 학생으로 27년간이나 즐겁게 놀았다. 최다학과상이며 기네스상 수상은 소풍 중에 얻어걸린 망외의 즐거움이다. 홀가분한 마음으로 인생 소풍이 끝날 때를 기다리는 처지지만 갈 때 가더라도 끝까지 젊게 살고 싶은 마음은 변함이 없다. 인생은 끝날 때까지 끝난 게 아니다.

내게 즐거움과 젊음과 건강을 준 학교

김상문 _ 9개 학과 졸업, 사회복지학과 재학 중

"전학생 학부모가 대졸 출신 담임교사에게 아이를 맡겨달라 부탁하고 갔습니다."

1981년 어느 날, 교장 선생님이 고졸 출신 교사인 내게 조심스레 전한 말이다. 내 반으로 오게 되어 있던 전학생이 그렇게 다른 반으로 갔다. 그러고 보니 나와 선배 교사 몇을 빼놓고는 다들 정규 대학 출신이었다. 20년차 교사인 내게도 적잖은 충격이었다.

내가 다니던 시절의 사범학교는 지금의 교육대학이나 사범대학 같은 대학이 아니라 중학과정을 마치면 들어가는 교사 양성 고등학교였다. 특목고인 셈이다. 1962년 7월, 사범학교를 졸업한 나는 18세로 교사 발령을 받았다. 당시로선 대학 공부는 생각지도 않았지만, 설령 원했어도 시골 학교에 근무하는 처지로는 이룰 수 없는 꿈이었다.

1982년, 방송대에 초등교육과(5년제)가 개설되었다. 마침내 내게도 대학 과정을 이수하고 졸업장을 받을 기회가 왔다. 대학을 향한 내 간절함이 사무치는 때에 기다렸다는 듯이 인연이 찾아온 것이다.

이렇게 시작한 대학 공부가 나의 교직 생활을 빛나게 하고 지금의 나를 존재하게 했다. 나의 모교 한국방송통신대학교, 참으로 고맙다.

나는 삼밭에서 자라는 쑥

노년의 두려움은 두 가지다. 하나는 찾아주는 친구가 줄어드는 것이고, 또 하나는 젊은이들과의 사이가 점점 멀어지는 것이다.

젊음은 전혀 꾸미지 않아도 그 자체만으로 아름답다. 그래서 다들 젊음을 희구하는 것일 테다. 저 옛날 진시황제는 불로초를 구하고자 동남동녀 수천 명을 풀어 멀리 바다 건너 땅까지 뒤졌다지만 나는 그 불로초를 아주 가까운 데서 손쉽게 찾아냈다. 진리는 가까이 있었다.

방송대는 내 노년 생활 중 젊음의 묘약이요 꿈의 동산이다. 나이는 숫자지만 몸은 반드시 숫자에 따라 살지는 않는다. 젊음 속에 녹아든 노년은 숫자를 거슬러 젊게 살아진다. 방송대에 다니는 나는 마중지봉(麻中之蓬), 즉 "삼밭에 자라는 쑥"이다. 혼자 나는 쑥은 옆으로 퍼지게 마련이지만 삼밭에 나는 쑥은 삼과 같이 곧고 장대하게 자란다. 방송대라는 삼밭이 바로 나의 불로초다.

노인(老人) 아닌 노우인(KNOU人)의 기개

나는 이미 방송대 9개 학과 공부를 마치고 졸업했다. 그렇게 많은 학과를 섭렵하면서도 공부뿐 아니라 학과 MT 활동에도 열심이었다. 일본학과를 졸업하고서 관광학과에 들어갔는데, 동기생끼리 입학을 기념하여 1박 2일로 속리산에 갔다. 이튿날 아침 일찍 속리산 정상에 오른다며 다들 준비에 부산했다. 그런데 반장이 덩달아 준비에 바쁜 나를 보더니 찬물을 끼얹는다.

"오빠는 남아서 짐을 지키셔요."

"무슨 말이야?"

"속리산은 천 미터가 넘으니까 올라가시기엔 아무래도 무리일 것 같아서요."

젊은 학우들이 노년의 허약한 신체를 고려하여 베푼 배려다. 그 마음을 잘 알지만 나도 아직 젊은이들 못지않다는 걸 보여주고 싶어서 기어이 앞장섰다. 그리고 정상에서 V자를 그렸다.

내가 나이만큼 허약할 것이라는 학우들의 선입견에 통쾌한 한 방을 작렬시킨 것이다. 나는 아직 노인(老人)이 아니라 노우인(Know人), 즉 KNOU人(방송대인)임을 온몸으로 알려주었다. 이후로 학우들은 나를 소개할 때마다 그때 일로 추켜세운다.

"속리산 문장대를 거침없이 오른 오빠야!"

내가 방송대에서 나보다 훨씬 나이 어린 친구들과 스스럼없이 어울릴 수 있던 비결은 어디 가든 나이 먹은 티를 내는 대신 거꾸로 나이 어린 티를 낸 것이다.

문화교양학과에 다닐 때 졸업 기념으로 리조트를 빌려 태안반도로 놀러 가서는 저녁 고기 굽는 당번을 자처하여 나는 곯으면서도 학우들을 먼저 배불리 먹였다. 또 국문학과에 다닐 때는 과별 전국 장기자랑 대회에 삐걱거리는 몸으로 참가해 디스코를 추는데 최고령 학우로 소개되어 우레와 같은 박수를 받았다. 나이를 잊은 열정에 보내는 최고의 찬사였다.

내가 체험한 행복의 조건

노년의 배움은 체력이 허약하면 이어가기 어렵다. 과제물 작성, 출석수업, 온라인 수강, 평가시험 등 그 어떤 것도 소홀히 해서는 졸업할 수 없기 때문이다. 방송대에서는 노년이라고 봐주는 건 아무것도 없다. 스무 살 청년이나 여든 살 노년이나 똑같다. 경로우대는 대중교통에나 있지 배움터에서는 조금의 여지도 없다.

게다가 노년의 기억력은 계곡에 흐르는 물처럼 머무는 법이 없어서 저녁에 읽은 책, 아침이면 다 까먹는다. 그러니 기억력 좋은 젊은이들에 비하면 공부하기가 몇 배나 더 힘들고, 체력도 그만큼 많이 소진된다. 그래서인지 "노년의 체력은 학력"이라는 구호가 가슴에 와닿는다.

마침 "내 몸을 고쳐 쓰는 법"을 알려주는 책에서 종아리 근육 단련을 체력 증진의 출발이자 근간이라고 한다. 곧바로 실행에 옮겨 날마다 10~20km를 걸었다. 과연 걷기운동이 몸에 붙고부터는 피곤할 줄 모르게 되었다. 학우들은 나중에 출석수업 때 탄탄하게 근육이 오른 내 종아리를 보더니 깜짝 놀란다.

"행복의 조건은 무엇일까요?"

문화교양학과 첫 출석수업은 바로 이 질문으로 시작되었다. 저마다 행복의 조건을 간략하게 발표했다. 교수님은 학생들의 발표 내용을 일일이 칭찬해 주었는데, "방송대 학생이 되면서부터 10여 년간 감기 한번 걸리지 않았다"고 한 나를 보고는 "건강한 사람"이라고 했다. 게다가 그 사례를 발전시켜 졸업논문으로 제출하도록 권유받았다. 과연 나는 졸업논문으로 「내 몸에 적합한 통합의료의 체험적 적용」을 써서 제출했다. 이 논문은 문화교양학과 우수 논문으로 추천되어 표창까지 받았다.

"잘 움직이고, 잘 배우고, 잘 먹고, 잘 자고, 잘 소통하라."

뇌신경학자 산제이 굽타가 제시한, 뇌를 건강하게 유지하는 다섯 가지 원칙이다. 그러고 보니 여기 다섯 가지 원칙은 방송대에 입학해서 공부하게 되면 손쉽게 지켜지지 싶다. 나를 비롯한 많은 졸업생이 그것을 증명한다. 그러니 '젊은 노년'을 살고 싶으면 방송대 학생이 되라고 권한다. 방송대 학생이 되면 잘 배우게 되고, 그러면 나머지 4가지 원칙은 저절로 따른다.

27년간의 방송대 공부는 즐거운 소풍

지지난해 떠나보낸 봄이 지난해도 어김없이 소매 곁에 찾아왔다. 3월이다. 지난해 등록 신청한 사회복지학과에 지원자가 많아서 합격이 어려워졌다는 소문에 지레 포기하고서는 다음 기회를 기다리기로 했다. 그러다 느닷없이 합격 통지를 받자 가슴이 뛰었다.

1982년 처음 초등교육과 합격 통지를 받았을 때 같았다. 새로운 학과 등록은 또 다른 시작이다. 일단 부딪혀보는 것이다.

요즘 들어 바뀐 생각이 있다. 나이가 드니 사회의 다른 모임에 자꾸 나서는 것이 쑥스러워서 그동안 삼갔는데, 생각을 바꿔서 요즘엔 모임에 자주 얼굴을 내민다. "나도 할 수 있다는 것"을 젊은이들에게 보여주고 싶어서였다. 나는 나를 소개할 때마다 이름

앞에 "방송대 학생"을 꼭 내세운다. 그리고 끝에 "9개 학과를 졸업"을 덧붙인다. 나로서는 '방송대 학생' 타이틀이 무슨 박사학위 타이틀보다 자랑스럽기 때문이다.

이렇게 생활하면서 설레는 마음으로 지난해도 고등학교 동창 모임에 참석했다. 지지난해 보았던 친구 몇몇이 보이지 않았다. 얘기를 들어보니 세상을 하직한 친구도 있고 병석에 누운 친구도 있다. 자리에 나온 친구들도 다들 깊어가는 주름살에 발걸음은 허둥거리고 움직임은 굼떠서 쇠잔한 모습이 역력하다. 호랑이라도 때려잡을 기세는 다 어디로 갔을까.

나는 천상병 시인의 시 「소풍」을 읽을 때마다 코가 시큰하고 가슴이 먹먹해진다. 나도 알 수 없는 가까운 날에 구름이 손짓하면 하늘로 돌아갈 나이가 되었기 때문이다. 나는 방송대라는 놀이터에 소풍 온 학생으로 27년간이나 즐겁게 놀았다. 최다학과상이며 기네스상 수상은 소풍 중에 얻어걸린 망외의 즐거움이다. 홀가분한 마음으로 인생 소풍이 끝날 때를 기다리는 처지지만 갈 때 가더라도 끝까지 젊게 살고 싶은 마음은 변함이 없다. 인생은 끝날 때까지 끝난 게 아니다.

나의 마지막 꿈

앞으로 11년 후인 2033년 2월 26일, 방송대 졸업식장에서 나는 다음과 같이 소개받을 수 있기를 기대하며 부지런히 방송대 문턱을 넘나들 것이다.

> 1982년 한국방송통신대학교 초등교육과 입학, 전남대학교 교육대학원 졸업, 한국방송통신대학교 유아교육과 졸업, 한국방송통신대학교 최다 학과(15개 학과) 졸업, 최다 학기(58회) 등록, 최장기간(40년) 재학, 최고령(91세) 재학생.

김상문 | 현재 사회복지학과에서 향학열을 불사르고 있다. 1962년 광주사범학교를 졸업하고 초등학교 교단에 서기 시작하여, 2005년 순천선혜학교 교장으로 퇴임했다. 1982년 방송대 초등교육과 입학을 계기로 방송대와 인연을 맺었다. 이후 문화교양학과, 국문학과 등 9개 학과를 섭렵했다. 논픽션 당선 작가이며, 교직 수행과 방송대 모범 학생으로 2017 방송대 기네스상 등 많은 상을 받았다. 1988년 국민훈장 석류장을 받았다.

아버지가 왜 그토록 내 졸업식에 오고 싶어 했는지 나중에
야 어머니가 알려주었다. "전에 네가 전문학교 졸업하고 나서
4년제 대학에 편입한다 했을 때 아버지가 반대하시지 않든.
그게 내내 마음에 걸리고 미안하셨던 모양이구나. 나중에 네
가 다시 공부한다고 그러니까 아버지가 얼마나 좋아하셨는지
몰라. 그래서 졸업식에 꼭 가보고 싶으셨던 거야."

내 삶을 지켜준 그림자

김순희 _ 1991 유아교육과 졸업, 교육가

오랫동안 어린이집 원장으로 일하다가 퇴직했다. 아직 정년이 좀 남았고, 주변에서 말렸지만 정말 쉬고 싶었다. 긴장이 풀려서인지 퇴직 후 처음 몇 달 동안은 병원 가는 게 일과였고, 코로나로 집에 갇혀 있자니 우울했다. 내 딴엔 쉰다지만 쉬는 게 아니었다.

라디오를 즐겨 들으면서 많은 걸 알았는데, 평소에 열심히 운동하는 사람이 그리 많은 줄도 처음 알았다. 그래서 나는 걷기 운동을 하기로 작정하여 만보기 앱을 켜놓고 날마다 동네를 한 바퀴 돌았다. 그러면서 찬찬히 둘러보고 생각하는 시간이 많아졌다. 이곳에 20년 넘게 살아왔으면서도 이제야 동네 풍경이 눈에 들어온다. 학교는 어디 있는지, 어떤 집들이 있는지, 개울이나 뒷산이 어떻게 생겼는지, 아침이면 무슨 새가 날아드는지….

아주 오래된 추억의 갈피

그렇게 얼마간의 시간이 지나자 여기저기서 나를 찾는 전화가 오기 시작했다. 주로 교육을 요청하거나 자원봉사를 요청하는 전화였다. 경력을 살려 다시 활동하라는 권유 전화도 꽤 되었다. 한번은 어느 기관의 구인 전화를 받았다. 책임자를 물색하는데 몇몇 분이 나를 추천했다면서 보자고 한다. 좋은 자리였지만 나는 정중히 사양했다.

"고마워요. 그동안 너무 바빴어요. 지금은 나 자신을 위해서 조금 쉬는 중이에요. 나한테 자원봉사 하는 중이지요. 게다가 사이버 쪽 지도교수로 재택근무하는 중이기도 해요."

내 옆에는 방송대에서 만난 친구이자 동생 같은 동문이 있다. 늘 가까이 있으면서 내 삶의 반을 함께한 그 동문이 먼저 시작한 캘리그래피와 목공예를 접하게 되었다.

오랜만에 앨범을 꺼내 보았다. 요즘이야 휴대폰으로 아무 때나 사진을 찍고 공유할 수 있게 되었지만, 내가 방송대 다닐 무렵만 해도 현상소에 필름을 맡겨 사진으로 인화되어 나올 때까지 며칠을 기다리며 설렜다.

무엇이든 잘 버리지 않는 습성 덕분인지 아주 오래된 사진들이 앨범에 고스란하다. 그중 절반 이상이 방송대 시절의 사진인데, 1985년부터 시작된 그 시절이 이렇게 빨리 지나갔나 싶어 아련하다. 그 시절의 열정이 고요하게 잠긴 나를 또다시 흔들어 깨운다. 처음 전산학과로 편입한 그때부터 1989년 유아교육과에 새로 입학한 이후 지금까지 내 삶은 늘 방송대가 그림자처럼 따라다니며 지켜주었다고 생각하니 감개무량하다.

운명적인 만남, 방송대 유아교육과

　전문학교 졸업 후에 결혼하여 아이들을 키우면서도 늘 배움에 목말랐다. 마침 방송대를 알게 되어 1985년에 전산학과 3학년으로 편입했다. 어렵게 공부하여 4학년까지 올라가서 졸업이 눈앞인데 난데없이 자그마한 사립유치원을 인수하게 되었다.
　내 아이들이 다니던 유치원인데, 원장님이 갑작스러운 사정으로 내게 인수를 권한 것이다. 유아교육을 전공하지 않아도 교사 자격증만 있으면 운영은 할 수 있대서 덥석 받아들이고 말았다. 그동안 나도 학부모로서 다른 학부모들과 잘 지낸 덕분인지 인수 후에도 별 문제 없이 운영되었다. 그런데 엄마들이 대개 부업을 하느라 아이들 기초 공부를 봐줄 수 없다 보니까 유치원에서라도 '한글과 수' 공부를 충분히 시켜달라는 요청이 많았다. 동네 사정을 잘 아는 나는 그렇게 하도록 했지만, 취학반 담임교사는 교육부 교육과정만 잘 진행하면 된다고 타박하며 나를 자극했다.
　"원장님이 비전공이시라 교육과정을 잘 모르셔서 그래요."
　비전공이라 잘 모른다는 타박에 울컥한 나는, 한 학기만 남긴 전산학과 졸업을 포기하고 1989년 유아교육과 전문과정 신입생으로 입학했다. 유아교육과는 특성상 교재교구 제작, 기악 공부, 동화 구연 같은 실기 수업이 중점적으로 이루어졌다. 나는 퇴근 후에 주 2~3회씩 피아노 교습을 받았고, 틈만 나면 교재교구를 만들었다.

가까이 사는 부모님을 비롯한 가족은 아이들을 봐주거나 교재 교구 제작을 도와주었다. 녹음강의 카세트테이프를 종일 틀어놓고 들었다. 교육현장에서 부딪치는 문제들이 강의에 나오니 귀에 쏙쏙 들어왔다.

전문성을 기르기 위한 열정

방송대 인천지역대학 유아교육과는 해마다 동화발표회나 교재 교구전시회 등을 개최하고 본교 교수님들을 인천으로 초빙하여 지도를 받는 등 현장에서 필요한 실전 교육에 힘을 쏟았다. 그때 만난 유아교육과 동기들은 30년을 훌쩍 넘긴 지금까지도 가족의 대소사를 함께 나눌 만큼 친하게 지낸다. 그래서 졸업 후에도 선후배들이 스터디 그룹을 만들어 현장에서 필요한 음악, 미술, 몬테소리교육 등 실무교육을 해오고 있다. 특히 동문회에서 단기과정연구회를 설립하여 주말마다 현직 교사를 재교육하게 되면서 전문성을 갖추기가 한층 수월하게 되었다.

방송대 인천지역대학은 유아교육과뿐 아니라 모든 학과가 전국망으로 연계되어서 동문 그룹 활동이 활발하게 이루어지고 있다. 그런 가운데 다양한 분야에서 다양한 방법으로 좋은 일을 하는 동문이 아주 많다는 사실을 알게 되었다.

나 역시 새로운 경력을 꿈꾸며 새롭게 공부를 시작한 신입 후배들이나 현직에 있으면서 부족한 부분을 채우기 위해 다시 공부를 시작한 편입 후배들에게 실무를 가르치느라 만나는 시간이 많아졌다. 내가 한창 배울 때에 그런 선배들에 대한 갈망이 컸기 때문인지 행사든 교육이든 자주 참석하여 후배들을 돕고자 애썼다.

교구전시회에서 동료들과 함께(왼쪽에서 두 번째가 필자)

무엇보다 교육현장에서 실무교육으로 중요한 교재교구전시회나 동화발표회는 오랫동안 지속해왔다. 특히 동화발표회에서는 본교 교수님들이 심사 전에 리허설 자리를 통해 동화구연을 위한 교사의 표정, 소품 준비, 성대모사, 작품성 같은 제반 사항을 격려하고 바로잡아 주었다. 그러는 가운데 나도 함께 성장했다.

방송대 동문은 학과를 떠나서 방송대인이라는 것만으로도 끈끈한 유대감이 있다. 그래서인지 다양한 소모임 활동을 통해 어려운 형편에 처한 사람들을 위해 장학금을 마련하여 건네는 한편, 가족까지 데려와 땀을 뻘뻘 흘리며 봉사활동에 나선다.

내 어머니와 가깝게 지내는 동문 원장님 어머니는 비교적 쉬운 등산길에는 동행하기도 하는데, 우리의 다양한 활동을 적극적으로 응원해 주었다. 우리가 봉사활동을 가는 날이면, 직접 함께하지는 못해도 응원으로나마 동참하신다며 맛있는 점심과 밑반찬을 손수 만들어 주었다. 안타깝게도 가깝게 지내던 두 분 모두 떠나고 이제는 추억마저 희미해지고 있다.

선진 사례에 대한 배움이 갖는 힘

일과 공부를 병행하느라 몸은 힘들었지만 공부하는 재미에 푹 빠져 있는데 미국 유아교육 연수 기회가 생겼다. 미국 노스캐롤라이나 주립대학 객원교수로 가 있던 유아교육과 권영례 교수님이 1995년 여름방학을 활용한 4주간의 연수를 주선한 것이다.

나는 인터뷰를 거쳐 미국 연수 팀에 뽑혔다. 연수는 4주간 일정으로, 먼저 펜실베이니아 주립대학과 노스캐롤라이나 주립대학에서 각각 1주일씩 유아교육 연수를 마쳤다, 나머지 2주간은 하버드대학과 MIT 공과대학 등을 탐방하고 유치원과 어린이집을 견학하는 등의 일정으로 채웠다. 이 무렵 미국에서는 이미 직장어린이집을 비롯한 선진 유아교육시설이 운영되고 있어서 세심히 살펴보았다.

짧은 해외여행조차 쉽지 않던 당시에 나는 한 달간의 미국 연수에 크게 자극되어 더욱 학구열에 불탔다. 이때의 소중한 체험은 자연히 대학원으로 이끌었고, 나는 그 시절에 확보한 자료를 아직도 활용하고 있다.

나는 이때 연수에서 배운 바를 유치원에 접목하여 운영방식을 개선하고 교육과정을 업그레이드했다. 그리고「문학적 접근에 의한 통합적 과학교육 활동이 유아의 과학적 사고능력에 미치는 영향」이라는 석사 논문으로 발전시켰다.

이러는 가운데 안타깝게도 내가 운영해온 작은 사립유치원이 시대의 흐름에 따라 15년 만에 문을 닫게 되고, 나는 인천시교육청 교직원 직장어린이집과 국공립 어린이집을 위탁받아 운영하게 되었다. 그러면서도 나는 연구 활동을 멈추지 않았다. 시간은 꽤 걸렸지만 나는 마침내「자연물을 활용한 유아 수·과학 활동 통합교육 프로그램 개발 및 효과」라는 논문으로 교육학 박사학위를 받음으로써 내 나름의 교육철학을 정립하게 되었다.

박사 논문도 역시 미국에서의 연수 자료와 체험에 크게 힘입었다. 비록 길지 않은 연수였지만 어떤 분야에서 선진 사례를 배우는 연수의 영향이 얼마나 값진 것인지 나는 30년 전의 경험을 통해 절실히 깨달았다. 그런 소중한 연수 기회를 애써 마련해준 권영례 교수님에게 감사하는 마음을 지금껏 간직하고 있다.

경력단절로부터 새로운 삶을 찾아준 방송대

예전에는 주로 여성이 결혼이나 출산으로 인한 경력단절을 메우고자 재교육을 받았지만, 요즘에는 남녀 불문하고 제2의 직업을 위해 재교육을 받는 일이 많아졌다. 환갑 나이면 예전에는 할아버지 할머니였지만 요즘은 아저씨 아주머니요, 심지어는 "아직 젊은이들"로 통한다. 환갑 넘어 제2의 직업 인생을 살아야 하는 100세 시대의 풍경이다.

내가 오래도록 일하고 있어서 그런지, 유아교육 특성상 그런지 모르겠지만 내 주변의 지인들은 노년인데도 대부분 현장에서 일하고 있다. 대개들 그런 길이 방송대로부터 열렸다고 입을 모은다.

"방송대를 만나고부터 인생이 바뀌었다. 그러기까지 먼저 길을 튼 원장님이 이끌어줘 감사하다."

물론 본인의 의지가 중요했겠지만, 아이를 키우면서 살림만 하던 가정주부가 막연하게만 생각했던 것들을 현실에서 이룰 수 있게 되어서 너무 행복한데, 그 배경에 일하면서 배울 수 있는 방송대가 있어서 가능한 일이었다고 한다.

나 역시 그랬고, 지금은 한 걸음 나아가 그런 삶을 꿈꾸는 후학들을 위해 안내하고 지도하는 삶을 살고 있다.

돌아보니 방송대는 내 삶의 그림자

"원장님 덕분에 방송대를 알게 되었고 이번에 대학원에 합격했어요. 2학기부터는 대학원생이에요~."

최근에 들려온 반가운 소식이다. 흥분된 그의 목소리에서, 아주 오래전에 대학원 입학을 확정지어 놓은 가운데 잠실종합운동장 학부 졸업식에 온 가족이 함께했던 기억이 떠올랐다. 그때 내가 졸업식에 안 간다고 우기니까 팔십을 바라보던 아버지가 결정타를 날렸다.

"너 혼자 졸업하는 것이 아니고 우리 가족 모두가 졸업하는 거니까 나는 가봐야겠다."

그렇게 아버지는 어머니 손을 잡고 서울까지 올라와서 내 졸업식에 기어이 참석했다. 아버지가 왜 그토록 내 졸업식에 오고 싶어 했는지 나중에야 어머니가 알려주었다.

"전에 네가 전문학교 졸업하고 나서 4년제 대학에 편입한다 했을 때 아버지가 반대하시지 않든. 순희 너 아래로 남동생 셋을 더 공부시켜야 하는데 아버지는 이제 나이도 많고 정년도 얼마 안 남았으니 너는 여자로서 전문학교면 충분하고, 또 맏이로서 동생들을 생각한다면 편입학 그거 안 했으면 쓰겠다고. 그런데 그게 내내 마음에 걸리고 미안하셨던 모양이구나. 나중에 네가 다시 공부한다고 그러니까 아버지가 얼마나 좋아하셨는지 몰라. 그래서 뭐든 적극적으로 도와주시려 한 것이고, 졸업식에도 꼭 가보고 싶으셨던 거야."

돌아보니 평생을 내 삶의 그림자로 함께해온 방송대가 개교 50주년을 맞는다니, 축하하고 더불어 크게 자축할 일이다. 게다가 50주년을 기념하는 에세이집 필자로 초대를 받다니, 감개가 무량하다.

> 김순희 | 현재 학점운영제 사이버평생교육원 지도교수로 활동하고 있다. 방송대 유아교육과(학사), 인천대 교육대학원 유아교육과(석사), 인천대학교 일반대학원 교육학과(박사)를 졸업했다. 사립유치원을 15년간 운영하고, 이후 직장 및 국공립 어린이집을 위탁받아 원장으로 재직했으며, 재능대학교 아동문학과 및 호원대학교 유아교육과 강사를 지냈다.

개교 50주년을 맞는 우리 방송대가 포스트 코로나 시대 언택트 사회를 주도할 것이라 기대한다. 그동안 우리 방송대가 배출한 75만여 졸업생은 전국총동문회 및 13개 지역총동문회를 중심으로 정치, 경제, 교육 등 사회 각 분야에서 전문가로 활동하고 있으며, 10만여 재학생이 전국에서 생업과 학업을 병행하고 있다.

나의 40년 길동무

김영은 _ 1987 행정학과 졸업, 투플러스산업개발 대표

1982년 3월 어느 날, 인천교육대학 대강당에 들어선 나는 온 세상을 다 얻은 기분이었다. 방송대와의 첫 만남이 시작된 것이다. 방송대 인학회(인천지역학우회)에서 개최한 신·편입생 환영회에는 인천지역 방송대 새내기들 700여 명이 운집해 있었다. 인학회는 대학 공식 조직은 아니지만, 이처럼 신·편입생 환영회는 물론이고 자율 스터디 및 외부 강사 초빙 강의 등 다양한 활동을 열정적으로 펼치고 있었다.

1974년 2월 3일, 나는 고향 충남 태안 구도 포구에서 출발해 진눈깨비 내리는 인천항에 도착했다. 그렇게 시작한 객지 생활 8년 만에 대학생이 된 것이다. 1972년 초등학교를 졸업한 지 10년 만이다.

방송대에서의 특별한 만남

나는 검정고시를 함께한 김현규 선배(경영학과 81학번)의 소개로 방송대에 지원했다. 제1지망으로 경영학과, 제2지망으로 행정학과를 지원했지만, 검정고시 성적이 시원찮아 당시 최고 인기 학과였던 경영학과는 떨어지고 제2지망인 행정학과에 합격했다.

나는 방송대에서 많은 학우를 만나 끈끈한 동문의 연을 맺었지만, 인생의 반려자를 만난 것만으로도 넘치는 복을 받았다. 방송대 초등교육과를 졸업한 아내는 농학과에 편입하면서 나를 만난 것이다. 방송대를 졸업한 나는 인하대학교에서 석·박사과정을 마치고 인천도시공사에 입사하여 공단 도시이자 매캐한 매연 도시, 변방 도시로만 알려져 있던 인천을 송도국제도시 등 세계적인 도시로 발전시키는 데 일익을 담당했다. 방송대가 그 디딤돌이 되어 주었다.

큰형님 댁에 기거하며 방송대에 다니는 중에 학생회와 서예동아리 등에서 활발하게 활동하면서 많은 사람을 만나고 많은 일을 겪었지만, 아찔한 사고를 겪으면서 잊지 못할 은혜를 입은 분이 있다. 같은 학과 양선희 누이이다.

1학년 2학기 출석수업을 앞둔 1983년 1월 1일, 나는 평소와 달리 그날 하루만이라도 공부 부담에서 벗어나고 싶었다. 새해 첫날이기도 하여 종일 거실에서 TV를 보다가 밤이 깊어지자 책 한쪽도 넘겨보지 않은 게 왠지 불안하여 내 방으로 들어가 책을 보다가 잠이 들었다. 실컷 자고 일어났다고 생각했는데, 병원의 산소치료기 속에 누워 있었다. 연탄가스에 중독되었다가 6시간 만에 깨어난 것이다.

그 후유증으로 머리 정수리와 오른쪽 발뒤꿈치 피부가 괴사하여 걸을 수 없게 된 것은 물론 피부 이식 등 장기간 치료를 받아야 했다. 당시 인천지역 행정학과 학생들은 서울 동대문구에 있는 서울시립대까지 가서 하계방학과 동계방학 동안에 2주간 출석수업에 참석해야 했는데, 나로서는 누구의 도움 없이는 어림없는 일이었다.

목발을 짚은 나는 양선희 누이의 부축을 받아 2학기 기말고사 및 첫 출석수업을 무사히 마쳤다. 그리고 과목별 교수님들의 선처로 나머지 출석수업을 면제받고 마지막 날 시험만 치를 수 있게 되었다. 양선희 누이는 출석수업 10여 일 동안 하루도 거르지 않고 수업 내용을 필사하여 내게 가져다주었다. 그 덕분에 나는 집에서 편하게 공부하여 출석수업 시험에 응할 수 있었다.

내 60년 인생에서 40년을 함께해온 방송대지만 양선희 누이가 없었다면 방송대와의 인연을 지속하기 어려웠을 것이다. 내 방송대 인생의 가장 중요한 날은 그분 덕이다.

〈세한도〉에 그린 뜻

1학년을 마치고 나자 방송대 공부에 어느 정도 적응하여 여유가 생겼다. 대학 생활은 동아리 활동을 해야 참다운 대학 생활이라는 생각에 낭만을 즐길 수 있는 동아리를 만들기로 했다.

어떤 동아리를 만들까 궁리하다가 초등학생 때 동네 서당에서 한문과 붓글씨를 배운 기억이 나서 서예동아리를 만들기로 했다. 1983년 1학기 회원 모집은 실패하고 2학기에 다시 모집하여 15명이 모였다. 처음 모신 지도 선생님에 대한 회원들의 불만이 폭발했다. 한일(一)자 하나를 붙들고 익히느라 한 학기가 지나도록 다음 진도를 나가지 못한 것이다. 지도 선생님을 다시 모시고, 동아리 이름도 묵향회(墨香會)에서 양소헌(養素軒)으로 바꿨다.

이후 양소헌은 인학회 축제 때마다 서예작품을 30여 점씩 출품하는 등 방송대 인천지역 학생회 활동의 한 축을 담당했다. 서예동아리가 활성화되자 다른 동아리들도 속속 결성되었다. 극예술연구회, 뫼골산악회, 풍물패 등 다양한 분야의 동아리가 결성되면서 인학회 활동이 더욱 활발해졌다.

우리 서예동아리는 충남 예산의 추사 김정희 선생 고택을 탐방하기도 했다. 아마 1986년 늦봄이었을 것이다. 선생의 아호가 추사를 비롯해 500여 개나 된다는 얘기를 듣고 놀랐다.

선현들은 아호를 서로 주고받았다고 한다. 임금이 신하에게 하사하기도 하고, 스승이 제자를 위해 지어주기도 하고, 절친한 벗들 간에 좋은 날을 기념해 서로 주고받기도 했다고 한다. 호를 받으면 낙관을 새기는데 성명인(姓名印), 호인(號印), 두인(頭印) 세 개가 한 조를 이룬다.

추사고택을 방문하였을 때 특히 인상적인 것은 조그마한 그림 〈세한도(歲寒圖)〉였다.

"추운 시절의 그림"이라는 뜻의 〈세한도〉는 추사 선생이 제주도에 귀양 가 있던 시절에 제자 이상적에게 감사의 글과 함께 그려 보낸 그림이다. 〈세한도〉에는 "歲寒然後知松栢之後凋"(세한연후지송백지후조)라는 논어의 한 구절이 화제로 들어 있다. 일 년 중에 가장 추운 시절이 된 뒤에야 소나무와 잣나무가 가장 늦게 시듦을 알게 된다는 뜻이다. 추사가 유배되자 다들 외면했지만, 제자 이상적만은 송백처럼 변치 않고 신의를 지킨 데 대한 감동을 전하는 그림이요 글이다. 추사는 1840년에 제주에 유배되어 9년 동안 외롭게 살았다. 추사에게 시서화를 배운 이상적은, 역관으로 중국에 다녀올 때마다 새로운 책과 중국 문인들의 편지를 가지고 유배지의 스승을 찾아 전했다.

물질적 가치가 우선시되는 현대를 살아가는 우리가 한 번쯤 깊이 생각해 볼 대목이다.

작은 운동회가 준 행복

방송대 졸업 후 단순한 동문회 활동보다는 지역사회와 소통도 하면서 방송대도 알리는 의미 있는 동문회 활동을 해보고 싶었다. 학과 대표를 지낸 졸업생들이 주축이 되어 봉사단체 '이웃사랑실천을 위한 참사랑 포럼'을 창립했다.

참사랑 포럼은 주로 독거노인 방문 및 청소, 보육원 방문, 소년소녀가장 지원 등 지역사회 봉사활동을 폈다. 그중에서도 중증장애우 야외활동 도움 봉사는 행복한 여운을 주었다. 강화군 소재 장애인복지시설인 색동원과 자매결연으로 두 달에 한 번씩 장애우들의 영화 관람 등 야외활동을 보조하고 외출을 도와주는 봉사 활동이다.

무엇보다 장애우들과 함께한 작은 운동회에서 나는 무한한 행복을 느꼈다. 2010년 6월 화창한 어느 날, 강화도 마니산 기슭 조그마한 중학교 운동장에서 장애우 20여 명과 우리 참사랑 포럼 회원 20여 명이 함께한 운동회였다.

과자 따먹기, 2인 삼각 달리기, 발 야구, 누가 누가 잘 추나 등 다양한 경기는 장애우들보다도 함께하는 우리가 더욱 즐거운 시간이었다. 지금 생각해도 그날의 행복감에 가슴이 벅차다.

운동회 내내 장애우들이 보여준 환한 웃음과 어린아이 같은 순수함 그리고 승부와 관계없이 열정적으로 어울려 노는 모습에 우리도 어느새 동심의 세계로 빠져들었다. 우리가 더 많이 행복한 하루, 참다운 기쁨이 무엇인지 온전히 느낀 하루였다.

포스트 코로나 시대의 주역

미래 사회는 플랫폼 기업과 네트워크 경제가 지배하는 사회로 변화할 것이다. 인간은 태생적으로 생존하기 위해서 집단을 구성하고, 집단을 유지하기 위해서 네트워크에 의존할 수밖에 없다. 포스트 코로나 시대에 다가올 사회·문화적 변화에 우리는 필연적으로 적응해야 할 것이다.

개교 50주년을 맞는 우리 방송대가 포스트 코로나 시대 언택트 사회를 주도할 것이라 기대한다. 그동안 우리 방송대가 배출한 75만여 졸업생은 전국총동문회 및 13개 지역총동문회를 중심으로 정치, 경제, 교육 등 사회 각 분야에서 전문가로 활동하고 있으며, 10만여 재학생이 전국에서 생업과 학업을 병행하고 있다.

우리 방송대는 국내 유일의 평생 고등교육 기관이자 원격교육의 선두주자로서 국내 최고 수준의 미디어 교육 시스템을 갖춘 정부 지정 '블렌디드 러닝'(blended learning) 허브 대학이다.

대학 당국(13개 지역대학 포함), 전국동문회 조직 그리고 학생회 조직이 통합된 네트워크를 결성하면 우리 사회 각 분야에 포진하고 있는 85만여 방송대 구성원들이 한마음 한뜻으로 뭉칠 수 있을 것이며, 포스트 코로나 시대, 4차 산업혁명을 이끌어갈 평생 고등교육 기관은 물론 미래 사회의 주역이 될 것이다.

김영은 | 현재 투플러스산업개발 CEO로 재직하고 있다. 방송대 행정학과를 졸업하고, 인하대 대학원에서 행정학 석사와 박사 학위를 받았다. 방송대·인하대 등에서 강의했으며, 한국청소년교육연구소·국회·인천도시공사 등에서 근무했다.

나는 직장 일을 병행하느라 5년제 과정을 7년 만에 졸업했다. 마흔넷에 졸업한 방송대. 해냈다는 성취감은 그 무엇과도 바꿀 수 없는 값진 열매였다. 그래서 나는 방송대 졸업이 참으로 자랑스럽다. 내게 이런 자신감이 없었다면, 인생의 여러 어려움에 마주할 때마다 쉽게 포기했을지도 모르겠다.

피어나지 않는 꽃은 없다, 늦게 필 뿐

김영주 _1996 국어국문학과 졸업, 국회의원

방송통신대 국어국문학과 졸업. 현직 국회의원의 프로필이 담긴 의원 수첩에 나는 이 한 줄을 고집스레 써넣는다.

"그냥 서강대 대학원 경제학 석사만 써넣어. 다들 그렇게 해."

이러는 주변 사람들의 말을 물리친다. 방송대에 다니지 않았다면 지금의 나는 없었다는 초심을 잃지 않기 위해서다.

'문학 애정'과 남편의 '사기'

대학 공부를 하면, 내가 놓치고 있는 더 많은 것을 깊이 볼 수 있다는 생각이 들어 서른일곱에 방송대 국문학과에 입학했다. 평소 문학을 좋아하기도 했지만, 국문학과 선택에는 남편의 '사기'가 8할은 작용했다.

국문학을 전공한 대학교수 남편이 공부를 적극적으로 돕겠다고 해서 철석같이 믿었다. 일하며 공부하는 아내를 위해 완벽한 요약정리를 기대했지만, 나만의 착각이었다. 기말시험을 앞둔 어느 날, 노조 활동으로 지방에 내려갔다가 올라오면서 다음날 있을 시험 걱정을 남편에게 전화로 털어놓았다. 그는 확신에 찬 어조로 걱정하지 말라고 했다. 마음이 놓였다.

피곤한 몸을 이끌고 집에 돌아오니 내 키 높이만큼 책이 쌓여 있다. 중요 페이지에 포스트잇이 붙은 채로. 이것만 읽고 가면 김

유정에 대해 완벽하게 답을 쓸 수 있다는 남편의 발상은 교육자다웠다. 이런 교육(?)에 힘입어 나는 자습법을 터득해야 했다. 경기 전에 몸을 풀 듯, 퇴근 후 매일 도서관에서 소설을 읽으며 세 시간씩 앉아 있는 연습을 한 다음 본격적으로 '주경야독'했다.

하지만 첫 학기는 쌍권총도 모자라 뒷주머니에도 권총을 넣어야 할 정도였다. 아무래도 혼자 공부하기에는 힘이 부쳤다. 그래서 20대부터 50대까지 나이도 천차만별인 동기생들과 스터디 그룹을 짜 돌파구를 찾았다. 고등학교를 갓 졸업한 젊은이, 경찰, 군인, 소방관, 가정주부, 은퇴하신 어르신 등. 다양한 직업을 가진 학생들이 서로 부족한 부분을 채워주면서 바쁜 시간을 쪼개 치열하게 공부했다.

나는 직장 일을 병행하느라 5년제 과정을 7년 만에 졸업했다. 마흔넷에 졸업한 방송대. 해냈다는 성취감은 그 무엇과도 바꿀 수 없는 값진 열매였다. 그래서 나는 방송대 졸업이 참으로 자랑스럽다. 내게 이런 자신감이 없었다면, 인생의 여러 어려움에 마주할 때마다 쉽게 포기했을지도 모르겠다.

공부의 불구덩이에 두려움 없이 뛰어들게 한 자신감. 이 내적 에너지를 장착한 나는 나이 오십에 이르러 서강대 대학원에서 경제학 공부를 시작했다. 무엇을 하기에 늦은 나이란 없다. 바로 지금 내 가슴을 뛰게 하는 열정이 중요하다. 그 때문이었을까. 20년 노조 활동이 어느 한순간 기쁨 아닌 적이 없었다.

'성전환고시'에 기가 막혀

중학생 때부터 줄곧 농구선수였지만, 농구로 대학 가는 것을 포기하고 서울신탁은행 실업팀 선수로 사회생활을 시작했다. 나이가 들면서 선수로서 체력의 한계를 인정할 수밖에 없었다. 나는 소속팀 은행원으로 인생 2막을 살아야 했다. 그러나 내 인생의 새로운 장막은 녹록지 않았다. 운동만 하던 사람이 일을 제대로 하겠느냐는 선입견을 넘기가 쉽지 않았다.

한동안 어떤 업무도 주어지지 않는 굴욕을 견뎌야 했다. 하지만 나는 아무도 하지 않는 일을 스스로 찾아서 해 놓는 것으로 나의 존재를 증명해 보였다. 사소해 보이는 일이라도 누군가 해 놓으면 편해지고 좋아 보이는 일이 무엇인지 찾아냈다. 선배들보다 일찍 출근한 나는 너무 많이 찍어 뭉친 인주를 티스푼으로 잘근잘근 다져 부드럽게 만들어 놨다. 인주 범벅이 된 도장들도 깨끗이 닦아 손잡이만 봐도 어디에 쓰는 도장인지 알도록 구분해 놨다. 이렇게 20여 일이 지나자 상사가 나를 불렀다.

"김영주 씨, 출납 업무 좀 맡아 보세요."

드디어 내 일이 생겼다. 돈을 바꿔주고 확인하는 간단한 업무였지만, 감개무량한 '첫' 업무였다. 나이로는 중요한 일을 맡아 하는 중견 사원들과 맞먹었지만 나는 현실을 인정하고 느리지만 작은 일부터 꼼꼼하게 열성을 다했다. 이런 노력 덕분에 나는 곧

'운동선수'와 '은행원' 사이에 놓인 편견의 강을 건널 수 있었다.

2년 후, 나는 그 지점에서 고객들이 가장 많이 찾는 직원이 되어 있었다. 나아가 김영주는 다른 지점으로 보내면 안 된다고 할 만큼 절대 신임을 받는 유능한 직원으로 인정받았다. 내가 노력해서 말 대신 실천으로 보여줄 때, 상대방은 내가 요구하지 않아도 스스로 편견의 벽을 허문다는 것을 알게 되었다.

은행 생활에 익숙해질 무렵 내 인생의 3막이 열렸다. 농구선수 시절 내 팬이던 '오빠'와 결혼을 하고 학동지점으로 발령받으면서 노동조합과 인연이 시작되었다. 내가 노조원들의 눈에 띈 것은, 여성조합원 노동교육을 마치고 열린 장기자랑에서 빨간 바지를 입고 과감하게 디스코를 춘 덕(?)인 것 같다. 나는 학동지점에서 어느새 유명인이 되어 있었다.

노조에서 나를 스카우트했다. 나의 그런 소박한 인기도 노조 선거에 도움이 되리라고 판단했나 보다. 노조에 별 관심이 없던 나는 얼떨결에 발을 들여놓았다가 또 얼떨결에 분회장까지 맡게 되었다. 노조 일을 보면서 놀라운 사실을 많이 알았는데, '여행원' 이 직급 체계 중 하나라는 것이다. 여행원은 '여성 은행원'의 줄임말이 아니라 그것 자체로 일반 행원 아래에 있는 직급이었다. 그래서 여행원의 '여'자를 떼고 일반 행원이 되려면 '전환고시'를 통과해야 했다. 여행원들은 이 시험을 '성전환고시'라고 불렀다.

전환고시는 상식, 영어, 논문, 실무 네 과목을 봤다. 상고 출신이 대부분인 여행원이 논문을 배웠을 리 만무한데 논문을 시험 과목에 집어넣은 것부터가 부당한 처사였다. 그렇게 '치사하게' 주어지는 전환고시는 어찌나 어려운지, 차라리 사법고시를 보는 편이 더 쉬울 법했다. 실제로 전환고시가 처음 생긴 1977년도 이래로 1982년까지 합격자가 단 한 명도 없었다. 이 시험제도 자체가 여행원들의 기회를 차단하기 위해 만들어진 것이나 마찬가지였다. 창구에서 같은 업무를 보면서도, 오히려 더 섬세하고 능숙한 쪽은 여성인데 어떻게 이런 말도 안 되는 대우를 받아야 하는지. 일터에서 일어나는 차별을 하나씩 알아갈수록 충격과 억울함에 분통이 터졌다.

어쩌다 노조

당장 바꿀 수는 없더라도 알고 당하는 차별과 모르고 당하는 차별에는 차이가 있다. 일단 알게 되면 그 다음 행동으로 나아갈 수 있지만, 알지도 못하면 아무것도 할 수 없기 때문이다. 개구리를 물통 속에 넣고 그 물의 온도를 서서히 높이면 물통 속의 개구리는 그 위험도 모른 채 앉아 있다가 죽음을 맞는다. 끓는 물통 속의 개구리로 앉아 있을 수는 없었다. 나는 더 널리 우리의 문제를 알리기 위해 본격적으로 노동운동에 뛰어들었다.

이런 나의 뜻이 하늘에 닿았는지, 노조 분회장을 맡은 지 얼마 안 되어 신탁은행 전체 노동조합 여성부장을 맡아달라는 제의를 받았다. 파격적인 제의였지만, 수락은 곧바로 하지 않았다. 그 직책을 당장 맡는 것보다 전체 여행원들이 의지를 모아 대표를 뽑는 절차가 필요했다. 그래야 제대로 역할을 할 수 있기 때문이다. 여태까지 그 자리는 여행원들을 대표하면서도 정작 여행원들의 의사는 제대로 반영되지 않았다. 나는 이런 점을 고치고 싶었다.

당시 은행노조 구성을 보면 보통 12~14명의 간부진 가운데 여성 간부는 여성부장 단 한자리. 그러니 여성 차별에 맞서 목소리를 높이고 대변해 줄 세력은 12~14분의 1에 불과했다. 나는 역으로 제안했다. 선후배 여행원들의 추천을 받아달라고. 굳이 내가 아니어도 괜찮으니. 여행원들의 지지를 받는 후보가 그 자리에 앉아야 하고, 그래야 그들과 힘을 모아 문제해결에 적극적으로 나설 수 있기 때문이었다. 나는 선후배들의 정식 추천을 받아 1985년 서울신탁은행 노동조합 여성부장으로 취임했다.

여성부장으로서 내가 가장 먼저 한 일은 임신부용 유니폼을 만드는 일이었다. 일반 여행원에게도 관심을 두지 않던 때라 임신한 여행원이라면 더욱 눈길을 줄 리 없었다. 유니폼을 입어야 하는 여직원들에게는 임신도 참 힘든 기간이다. 그나마 임신부에게 주어지는 편의 정도라고는 유니폼을 잴 때 좀 넉넉하게 만드는 것뿐이었다. 그때도 은행 측에서는 임신부 옷까지 해줘야 하느냐

고 타박했지만, 나의 강력한 의지와 여행원들의 합심으로 노사협의를 통해 결국 해냈다.

결혼 퇴직 각서. 이 말도 안 되는 각서도 사라져야 했다. 1970년대까지 여행원은 결혼하면 퇴직하겠다는 각서를 써야 입사할 수 있었다. 그래서 여행원들은 결혼과 동시에 은행을 그만둘 수밖에 없었다. 여행원 제도 철폐는 은행노조 여성 간부들이 오랜 세월 시민단체와 함께 싸워서 얻어낸 결과물이다. 한 은행노조의 힘만으로 해결될 문제도 아니어서 각 은행 노조의 여성부장들이 수차례 모여 토론을 하고 시민단체와 국회를 수차례 드나들며 협력을 얻고 투쟁해 갔다.

과도기적 성과로 '특별전직'이라는 카드를 얻어내기도 했다.

시험이 너무 어려워서 행원으로 올라가기 힘드니까 장기근속자는 시험 없이 특별전직을 시켜달라는 우리의 요구가 관철되어서 근속 15년이 넘는 여행원 중에 근무 고과가 좋은 30%가 우선 특별전직 대상이 되었다. 그래봤자 1년에 5~10명 사이였다. 당시 전체 여행원이 3천여 명이었으니 새 발의 피다.

우리 함께 피워내야 할 꽃

그러나 언제나 그렇듯 출발이 중요하다. 시작이 반이다. 거세게 불어 닥친 민주화의 물결과 함께 1987년도에 남녀고용평등법이 제정되어 동일노동 동일임금의 물꼬를 텄고, 1993년에는 시중은행의 여행원 제도가 폐지되었다. 1994년에는 국책은행의 여행원 제도까지 폐지되면서 악명 높은 전환고시도 사라졌다. 긴 싸움 끝에 얻은 눈물 어린 성과였다. 모든 일이 그렇지만, 하나의 문제가 해결되기 위해서는 오랜 끈기가 필요하다.

워킹맘을 필두로 후배들에게, 나아가 우리의 딸들에게 이런 부당한 차별을 받게 하고 싶지 않았다. 이들의 이런 은근과 끈기 때문에 마침내 '꽃'을 피워낼 수 있었다. 꽃을 피우기까지 꽃봉오리는 자신의 모든 에너지를 쏟는다. 사람들이 다른 이에게 꽃을 선물하는 이유는 지금 여기까지 온 온갖 수고와 노력에 대한 감사

방송대법 제정 기념 조형물 제막식에서 축사하는 필자(대학본부 앞, 2021. 12. 29)

를 상징적으로 표현하기 위한 것.

　다른 꽃들이 앞다투어 피어날 때, 혼자서만 피어나지 못한 마음은 얼마나 고독할까? 대개는 거기서 힘을 놓아 꽃도 잎도 떨구어 버리곤 한다. 그러나 힘을 놓지 않고 있다가 끝내 꽃을 피워내는 사람도 있다. 이런 꽃들이 모이면 우리 일상은 달라질 수 있다.

　나는 최초의 여성 사무직 노동자 출신 국회의원이라는 타이틀을 달고 등원했다. 내게 붙은 '최초'라는 수식어의 의미는 내가 모델로 삼거나 길을 물어볼 수 있는 사람이 없었다는 뜻이다. 노동계 선배도 은행원 선배도 농구선수 선배도 없었다. 그러나 이제 누군가 나와 같은 길을 걷는다고 한다면, 마지막까지 그 꽃봉오리를 피워내도록 나는 기꺼이 나를 내어놓겠다. 내가 겪은 시행착오, 내가 겪은 모든 경험을 자양분 삼아 더 쉽게 꽃봉오리를 피웠으면 한다. 우리의 미래 세대는 꽃길만 걷도록.

김영주 | 현재 더불어민주당 국회의원이다. 문재인 정부에서 고용노동부 장관을 지냈다. 중학교 때 단짝 친구를 따라 농구를 시작하여 무학여고와 서울신탁은행 농구선수로 활약했다. 현역 은퇴 후 행원으로 근무하다가 노동운동을 했다. 여성 최초로 금융노련 상임부위원장을 지냈고 여행원 제도 폐지, 채용·임금·승진에서 여성 차별을 금지하는 남녀고용평등법 제정에 앞장섰다. 이 공로로 1996년 국민포장을 받았다.

평생학습人 에세이 1 『평생공부로 일궈낸 행복』

02

매 혹 된

삶

열심히 살아온 밑천은 모두가 방송대에서 비롯된 것이다. 사람은 고마움을 알면 반드시 갚아야 한다. 나처럼 어렵게 삶을 잇고 배움을 갈망하는 사람들에게 조금이라도 도움이 되고자 마음 써야 한다. 2015년, 나는 가족회의를 열어 방송대에 장학금을 기부하기로 했다. 쓰고 남을 만큼 돈이 많아서가 아니라 방송대에 대한 고마운 마음이 그만큼 컸기 때문이다.

더 높이 날기 위한 도약대

김용현_1988 법학과 졸업, 시인

신문팔이를 하다가 군대에 갔고, 제대는 했으나 앞이 전혀 보이지 않는다.

절망이다. 밤새 고민하다가 날이 새자 나 자신을 시험해 보기로 했다. 커다란 냉면 대접에 물을 가득 채워 앞에 놓았다. 이윽고 쇠젓가락 하나로 대접 가득한 물을 찍어 먹기 시작했다. 과연 젓가락 하나로 이 물을 끝까지 다 찍어 먹을 수 있을까?

한 시간이 흘렀다. 아침 먹으라고 부르러 온 큰형수가 내 하는 꼴을 보고는 묻는다. "도련님. 뭐 하시는 거예요?" 내 의도를 아는 어머니가 큰형수에게 이른다. "하는 대로 가만 놔두렴."

점심을 먹으러 집에 들른 큰형에게 큰형수가 이른다. "도련님이 미쳤어요. 아침부터 식사도 안 하고 저러고 있어요." 큰형은 어머니와 함께 쓰는 내 방으로 와서 내 하는 꼴을 물끄러미 바라보더니 말없이 밖으로 나가선 큰형수에게 이른다. "그냥 가만 놔둬요."

오후부터는 입술에서 젓가락에 피가 묻어났지만 개의치 않고 계속 물을 찍어 먹었다. 마침내 대접이 바닥을 보였다. 내 의지력 시험은 해가 질 무렵에야 끝났다.

퇴근해 돌아온 큰형이 나를 부르더니 조용히 묻는다. "그래, 할 수 있겠냐?" 그러면서 군말 없이 필요한 책을 사라며 돈을 내주었다.

개구리가 연잎에 앉은 뜻은

개구리가 동그란 눈을 크게 뜨고 연잎에 앉은 뜻은 더 높이 더 멀리 뛰기 위해서라고 한다. 나는 그런 개구리의 의지 하나로 공무원 시험을 치르기 위해 하루하루 치열하게 공부했다. 덜컥 합격하고 나니 뭔가 좀 허탈했지만 '안정된 직장'으로 우선 의식주 문제가 해결되었으니, 줄곧 품어온 배움의 뜻을 펼 수 있게 되었다.

방송대를 찾았다. 학비도 아주 싸서 별 부담이 되지 않았다. 평생교육의 꿈이 실제로 이루어지는 환상의 배움터를 찾은 것이다. 더구나 특근을 밥 먹듯이 해야 하는 나 같은 바쁜 직장인에게 방송대는 맞춤형 기회를 제공한다.

방송대 졸업은 나를 더 높은 학문의 세계로 이끌었다. 성균관대 야간 행정대학원에서 행정학 석사학위를, 직장과 가까운 대전대 대학원에서 법학박사 학위를 취득했다. 그 덕분에 직무를 더욱 전문적·선진적으로 수행할 수 있었다. 대전고등법원 사무국장으로 일할 때는 권위의 상징인 법원의 높은 담장을 법원사상 처음으로 헐어 없애 시민과 한층 가깝게 했다. 다른 법원에서 견학을 올 정도로 당시로선 획기적인 아이디어였다.

그렇다면 업무의 기초가 되는 학문 연구는 어떻게 할까?

끊임없는 질문과 자료, 다른 사람의 가르침과 자기 경험, 그에 관한 연구 결과에 답이 있다.

사람의 생명은 어디서 온 것인가? 역시 부모에게서 온 것인가? 도대체 꽃은 왜 피는가? 무엇이 아름다운 것인가? 선물은 좋은 것이지만 선물한다면서 꽃을 꺾는 것도 좋은 것인가? 한글보다 더 복잡한 영어는 어떻게 세계의 문자가 되었는가? 영어처럼 한글이 세계의 문자가 되려면 어찌해야 하는가? 초속 30만km의 속도로 세상에서 가장 빠르다는 빛은 1초에 지구를 일곱 바퀴 반을 돌 수 있다는데, 이보다 더 빠른 건 없을까? '생각'이 빛보다 빠르지 않을까? 자동차의 탄소 배출이 문제인데, 연료를 쓰지 않고 순간 이동할 수는 없을까? 지구 생물이 멸종할 위기라는데, 원인은 무엇이고 대책은 무엇인가?

이런 모든 것에 대해 겉으로 나타난 대로만 생각하여 그대로 받아들여서 멈출 것이 아니라 이에 더 나아갈 방향이나 방법, 또 다른 해석을 할 수 있다면 얼마나 좋을까?

이 모든 것을 알기 위한 공부가 평생 언제든 가능한 곳이 방송대다. 방송대는 더 높이 날기 위한 도약대이자 앞으로 나아가게 하는 마중물이다. 진정 방송대는 나를 높이 멀리 이끈 배움터이자 삶의 지혜를 준 배움터다. 그래서 출석수업에 참석하여 교수님 강의를 듣거나 강사로서 강의할 때, 또는 개별적으로 후배 학생들을 지도할 때마다 자랑스럽게 말하곤 했다.

"이렇게 좋은 학교가 어디 있느냐? 터무니없이 싼 학비로 양질의 교육을 받을 수 있는 학교가 방송대 말고 또 어디 있느냐?"

만학과 교통사고 그리고 심우정

서른일곱에 방송대를 졸업했다. 이어 대학원 공부를 준비하던 1992년 6월 15일, 부여 부소산성 앞의 신호등 없는 건널목에서 만취한 무보험 과속 포터에 들이받혔다. 10여 미터를 날아가 아스팔트에 머리를 부딪친 채 의식을 잃었다. 46일 만에 깨어나 기적적으로 회복했다.

나는 그런 재난에도 불구하고 굳센 의지로 석·박사 학위를 취득하고, 우송대학교 겸임교수이자 대전고등법원 사무국장의 직무를 차질 없이 수행했다. 그리고 최고위직(1급 법원관리관)까지 승진하여 재직하다가 명예롭게 퇴직했다.

이후 법무사 사무실을 운영하는 한편으로 대전지방법원·대전가정법원에서 상담위원·조정위원, 대전고등검찰청 항고심사위원으로 봉사하면서 어려운 법률 문제를 알기 쉽고 명쾌하게 상담해 주었다.

일찍이 청주지방법원 사무국장 시절에 '국가인재 DB'에 등록되었으니, 지금은 금강 옥천 가에 심우정(尋牛亭)을 지어 놓고 언젠가 국가가 부를 때를 기다리며 선학들과 노니는 중이다.

나와 같은 방송대 학생은 직장에서 업무에도 충실해야 하고, 배우는 일에도 소홀할 수 없으니 여러 일이 겹치는 때가 많다. 이 겹치는 일들을 순조롭게 해결하기 위해 내 나름으로 일의 중요도를 가리고 우선순위를 정하는 기준을 정했다. '시소질량능(時所質量能)의 원칙'이다.

시(時)는 얼마나 급한 일인지 하는 것이고, 소(所)는 그 일을 위해 얼마나 멀리 가는지 하는 것이며, 질(質)은 얼마나 중요한 일인지 하는 것이다. 그리고 양(量)은 늘 있는 일상의 일인지 아니면 큰 노력과 비용이 드는 특별한 일인지 하는 것이다. 끝으로 능(能)은 가장 중요한 요소로, 그 일을 수행하는 데 필요한 자질, 능력, 재원을 말한다.

이런 기준으로 겹치는 일들을 대개 무난하게 처리할 수 있었지만 정말 판단하고 결정하기 어려운 일도 있었다. 한번은 결혼 주례를 서기로 한 날이 하필 온 가족이 모여 김장하는 날과 겹쳤다. 어찌할까? 결혼은 평생 한 번 있는 큰일이니, 김장을 뒤로 미뤘다. 시소질량능의 원칙에 따른 것이다.

거꾸로 서서 바로 보기

나는 하품만 크게 해도 양쪽 산 능선이 닿을 정도로 궁벽한 산골의 가난한 집에서 태어났지만 훌륭한 인품의 부모를 만나서 좋은 가정교육을 받고 자랐다.

그래서 부모님 뜻에 거스르는 일이 없었고, 공부에도 열심이어서 초등학교 다니는 내내 한 번도 우등상을 놓치지 않았다. 그러나 집안 형편상 중학교 진학을 포기해야 했다. 보다 못한 둘째 형이 나를 학비가 싼 고등공민학교에 입학시켰다. 이 학교마저 재정난으로 내가 다닌 지 2년 만에 문을 닫고 말았다. 하지만 나는 낙심하지 않고 낮에는 농사일을 거들고, 밤에는 열심히 통신강의록을 보았다.

그러다가 청운의 꿈을 안고 서울 가는 완행열차를 탔다. 서울에서의 고학 생활은 참으로 눈물겨웠다. 처음 간 데가 가구공장인데, 그저 먹여주고 재워주기만 하면서 공짜로 부려먹었다. 그러니 아무리 일을 해도 수중에 돈 한 푼 생기지 않았다. 학업을 이어가려면 돈이 필요하니 다른 방도를 찾아야 했다.

신문팔이를 하게 되면서 야간학교에 입학했다. 그러나 말이 학생이지 학교 가는 날보다 못 가는 날이 더 많았다. 오죽했으면 별명이 '결석 대장'이었을까. 밀린 기성회비 문제로 교무실에 불려 다니는 거야 일도 아니었다. 굶기를 밥 먹듯이 하고, 추운 겨울을 반 쪼가리 담요 하나로 견뎌야 했으니, 학교는 내게 사치였다.

쥐구멍에도 볕들 날이 있다더니, 그러는 내게도 그런 볕이 들었다. 어느 친절한 분의 도움으로 목공예를 하면서 학업도 계속하여 고등학교 졸업장을 받을 수 있었다.

그러나 졸업하기를 기다렸다는 듯이 군대 징집 영장이 떨어졌다. 그리도 어렵게 딴 졸업장을 써먹지도 못한 채 군대에 가서 3년을 기다려야 했다. 차라리 말뚝을 박아 버릴까, 군대에 있으면 적어도 먹을 것과 잠자리 걱정은 없으니, 하는 생각이 들었다.

그래도 직업군인은 어렵겠다 싶어 전역을 택했다. 제대 후에 형들의 도움을 받아 공무원 시험에 도전한 나는 하루 두 시간만 자는 노력 끝에 9급 법원서기보시보 공채시험에 합격했다. 발령받은 이듬해에 법원주사보 공채시험에 합격한 나는 내친김에 사무관 승진시험까지 합격했고, 한참 만에 서기관으로 승진한 뒤로는 부이사관, 이사관으로 거침없이 승승장구했다. 그러다가 일반직 최고직위(1급)인 법원관리관까지 승진했다.

좋은 것을 더욱 아름답게

나는 방송대 재학 기간(1983~1988)에, 대전·충남지역학습관에서 출석수업 때마다 선배로서 모범을 보이고, 동시에 교수로서 민법·형법·채권법을 강의했다. 1995년에는 튜터(tutor)로 위촉받아 학생들을 지도했으며, 다른 대학이나 법원에서 강의하는 한편 상담 봉사를 하는 데 방송대에서 배운 지식을 잘 써먹었다.

그런데 예일대 법대 출신의 어느 법원장이 매사에 의욕 충만한 나를 보고 이런다.

"김 과장은 머리도 좋고 부지런한데, 너무 앞서가는 게 탈이야!"

나는 이럴 정도로 무엇을 하든 적극적으로 나서서 최선을 다했다. 그러나 무슨 탈이 난 적은 없다. 이런 근무태도를 인정받았는지 홍조근정훈장을 받았다. 그 밖에도 20여 번이나 상을 받았는데, 대법원장으로부터 받은 법조봉사대상이 나로서는 가장 자랑스럽고 값진 상이다. 사회에 봉사하고 받은 상이니 어찌 그렇지 않겠는가.

나는 다양한 분야에 걸쳐 많은 책과 논문을 썼는데, 26편의 법률 논문 가운데 2편은 법조계와 학계에서 권위를 인정받는 『사법론집』(대법원 발행)에 등재되었다. 하나는 「재판상 화해에 있어서 제3자 참가」로, 민사소송물이론 중 신소송물이론인 '추상적 소송물론'의 발현이다. 다른 하나는 「사건관리부의 실효성의 확보」로, 백년하청의 소송 지연을 획기적으로 줄일 수 있는 사건관리부의 실효성에 관한 논문이다.

여기에 더하여 모의재판은 우리 방송대인의 긍지를 높인 일이었다. 대전·충남지역 학생들의 스터디 그룹 학습공간에서 형사모의재판을 벌였는데, 법원에서 오래 근무한 이력으로 재판장 역할을 맡은 나는 아주 못된 짓을 저지른 피고인들에게 '천벌'을 선고했다. 검찰청에서 근무하는 학생이 검찰 역할을, 변호사사무실에 사무장으로 근무하는 학생이 변호사 역할을 맡았다. 기획과 연출은 우리 방송대생들이 맡아 모교와 다른 대학에서 큰 반향을 불러일으켰다.

이렇게 열심히 살아온 밑천은 모두가 방송대에서 비롯된 것이다. 사람은 고마움을 알면 반드시 갚아야 한다. 나처럼 어렵게 삶을 잇고 배움을 갈망하는 사람들에게 조금이라도 도움이 되고자 마음 써야 한다.

2015년, 나는 아내, 쌍둥이 아들과 그 생일에 가족회의를 열었다. 그 자리에서 만장일치 의견으로 방송대에 장학금 1억 원을 기부하기로 했다. 쓰고 남을 만큼 돈이 많아서가 아니라 방송대에 대한 고마운 마음이 그만큼 컸기 때문이다.

나는 이 밖에도 다양하고도 폭넓은 봉사와 기부의 삶을 실천해 오고 있다. 나라 밖으로도 눈을 돌려 아프리카 빈국의 가난한 아이들을 돕는 데 나눔의 손길을 보태오고 있다. 그리고 오래전부터 가족과 함께해 온 자원봉사 활동도 꾸준히 이어오고 있다.

끝으로 화룡점정이랄까. 장기와 시신 기증을 서약함으로써 빈손으로 왔다가 빈손으로 가는 삶을 실천하게 되었다. 복된 삶이다.

김용현 | 평생을 사법공무원으로 재직하다가 법원관리관으로 퇴직하여 지금은 시인으로 활동하고 있으며, 서각에도 조예가 깊다. 방송대에서 법학사를, 성균관대에서 행정학석사를, 대전대에서 법학박사 학위를 취득했다. 법률에 관한 10여 권의 저서와 30여 편의 논문을 썼으며, 여러 권의 시집을 비롯하여 40여 권의 문집을 냈다. 2000년에 대통령상을 수상하고, 2008년에 홍조근정훈장을 받았다.

입학해서는 스터디 그룹에 참여했다. 거기에서 고마운 학우들을 만났다. 최성문 동기, 정미란 동기의 도움을 많이 받았다. 그분들은 일본어가 수준급이었고 과제 해결 능력도 우수했다. 수고로움을 마다하지 않고 세심하게 도와준 그분들이 고맙다. 방송대는 내 공부의 든든한 주춧돌이 되었다. 공부의 멋과 맛을 알게 해 준 기둥이었다. 계속 공부할 수 있도록 이끄는 견인차였다.

코로나 시대, 지구별 교육은 우리 학교가

김윤환 _ 2001 일본학과 졸업, 영광도서 대표이사

코로나가 지구별 구석구석에 잠입했다. 형체도 보이지 않고 숫자도 알 수 없는 날렵하고 음흉한 자객이다. 이 자객은 신출귀몰한 초능력을 지녔다. 자본과 풍요가 넘치는 뉴욕, 근근이 하루하루 살아가는 아프리카, 청결을 최고 미덕으로 삼는 나라, 신의 섭리에 순종하는 나라, 그 모두에게 공평하게 낙하했다. 하늘의 달이 물이 있는 곳이라면 어디든 비추듯 공평하다. 섬뜩한 평등이다.

코로나(Corona)는 라틴어로 왕관을 뜻한다. 태양 상층부 대기를 코로나라 하는데, 태양 주변으로 뻗어 나가는 형상이 태양신의 왕관을 닮았다. 코로나 황제가 왕관을 쓰고 등극하여 지구별을 지배한다. 황제의 왕관만 보이고 황제의 통치술을 알 수 없는 지구별은 자전축이 흔들리고 있다. 아이러니, 일본 도요타자동차에서 1957년부터 2003년까지 생산한 차량의 이름이 코로나였다. 한국에서는 신진 코로나로 판매되었다.

지구의 지배세력이 된 코로나에 인류는 전전긍긍하며 대처하고 있다. 비대면 교육도 대처방안 중 하나다. 지금은 모든 대학이 방송대가 되었다. 일반대학들은 방송대가 축적한 50년 노하우를 익히기에 정신이 없다. 새삼 방송대가 고맙고 자랑스럽다. 어떤 악조건에서도 교육은 지속해야 한다. 그 중심에 방송대가 쌓아온 노력이 빛을 발하고 있다.

책과 함께 반세기, 나와 영광도서

나는 부산에서 반세기가 넘도록 영광도서를 운영하고 있다. 올해로 54년째다. 현존하는 우리나라 서점 중 역사가 가장 깊다. 경영은 날로 어렵지만, 서점 경영을 천직으로 여기고 있다. 이런 나를 우습게 여기는 사람이 있을지 모르지만, 이 정도 물질적 기반을 이뤘으면 이제 시민들의 사랑에 보답해야 할 때라고 생각한다. 자랑스러운 부산시민상, 부산문화대상, 이런 큰 상을 왜 나에게 주었겠는가? 더 잘하라는 격려일 것이다.

2002년, 서울 종로서적이 95년 역사 끝에 문을 닫았다. 나는 오기로 대응한다. 재벌형 서점이 부산 공략에 나서도 끝까지 영광도서를 지키겠다는 각오다. 재벌형 서점들도 이제 어느 정도 영광도서의 저력을 인정하는 분위기다. 그래서 나는 다짐한다. "끝까지 영광도서를 끌고 가겠다!" 영광도서가 서점다운 서점이 되도록, 독자의 욕구를 충족할 경쟁력을 갖춰나가겠다.

서점과의 인연, 출발은 우연이었다. 중학교를 마친 뒤 형편상 진학하지 못하고 농사일을 돕다 보니 마음이 쓰렸다. 마산으로, 부산으로 진학한 친구들이 방학을 맞아 고향에 올 때마다 교복 입은 모습이 부러웠다. 여학생들의 교복 칼라는 어쩌면 그리도 화사한지….

1966년 설날 다음날, 아는 형을 따라 고향(경남 함안)에서 무작정 부산으로 왔다. 그렇게 가출해서 부산 거리를 배회하다 우연히 '함안서점'이라는 간판을 봤다. 함안 대산 촌놈이 낯선 타지에서 고향 지명을 딴 간판을 보니 반가웠다. 무작정 들어가서 사정을 했다. 밥만 먹여달라고.

그렇게 해서 당시 부산상고(지금 롯데호텔 자리) 담벼락에 붙은 작은 중고서점의 사환으로 취직했다. 신간보다 헌책이 더 많이 유통되던 시절, 자전거로 부산 전역을 오가며 중고 책을 수집해 서점에 배급하는 도서 유통업을 익힌 뒤, 1968년 5월 1일, 내가

1968년 창업 당시 영광도서 전경

주인이 되어 1.5평짜리 서점 문을 열었다. 5월 1일은 영광도서 창립 기념일이다. 오늘날, 1,000여 평 대형서점의 출발은 그렇게 시작되었다.

처음 서점 문을 열 때 주위의 우려도 있었다. 이곳에 서점을 차리겠다고 하니 주변의 반대가 심했다. 그 당시, 서면 지역은 지금의 연산 로터리나 수영 삼거리를 능가할 소문난 유흥가였기 때문이다. 누가 이런 데까지 와서 책을 사겠냐는 것이다. 하지만 술집 종업원이라고 해서 책을 읽지 말라는 법이 없고, 이 지역을 찾았던 손님들이 영광도서를 기억했다가 다시 찾지 말라는 법도 없지 않겠나? 그렇게 생각했다.

부산시는 새 도로명 주소를 만들면서 이 지역을 '문화로'라고 결정했다. 이게 영광도서 때문만은 아니겠지만, 앞으로 이 지역을 부산을 대표하는 최고의 문화거리로 만드는 데 힘을 보태야겠다고 다짐한다. '문화로'가 서울의 대학로나 홍대 근처처럼, 길거리 공연과 품격 있는 문화행사가 다채롭게 이어지는, 활력 넘치는 거리가 되게 하는 것이 꿈이다. 영광도서 역시 이 거리와 함께 오래도록 상생하며, '부산문화 1번지'로 자리매김하는 데 일조하고 있다.

1991년 문화부로부터 다목적 문화공간으로 지정된 영광도서 문화사랑방을 현재까지 운영하고 있다. 디지털 사진 무료특강, 책 나눔 북 콘서트, 시 낭송회 등 각종 문화행사의 구심점 역할을 하고 있다. 영광도서 갤러리를 개관해 부산지역의 역량 있는 젊은 예술가들에게 기회의 장을 제공함으로써 부산의 현대 문화예술 보급에도 이바지하고 있다.

부산지하철문고에 도서 3,364부 기증(1991. 12. 24)

작은 서점이 대형서점으로 성장한 비결은 이렇다. 고객의 신뢰가 가장 컸다. 고객이 찾는 책은 전국에 수소문해서 반드시 구해서 전해준 것이 신뢰를 쌓은 가장 큰 비결이다. "영광도서에 가면 어떤 책이라도 구할 수 있다"는 입소문이 나면서 단골손님도 많이 생기고 서점 규모도 나날이 커졌다.

요즘 대형 오프라인 서점이 계속 문을 닫고 있다. 지켜보는 심정이 착잡하다. 2002년 6월의 종로서적 폐업이 상징적 신호탄이었다. 창업 100주년을 5년 앞둔 시점이었다. 이어 양우당, 동아서적, 중앙도서전시관과 최근의 서울문고(반디앤루니스) 같은 수도권의 유서 깊은 대형서점들이 줄줄이 문을 닫았다.

지방도 마찬가지다. 대구의 문화서적과 제일서적, 본영당, 학원서림을 비롯하여 2010년에는 55년 역사를 자랑하는 부산의 문우당과 30년 역사의 동보서적도 문을 닫았다. 청학서림, 중앙서림, 대한도서, 옥샘서원 같은 부산의 좋은 서점들이 잇따라 폐점했다. 그럴 때마다 정말 마음이 착잡했다.

두 마리 토끼를 잡으려 방송대로

나는 1997년 방송대 일본학과에 입학하여 2001년 졸업했다. 4년 반을 다녀 쉰셋의 나이에 문학사 학위를 받았다. 알다시피, 방송대를 정규 4년 만에 졸업한다는 것은 기적에 가깝다. 물론 그 기적을 일군 동문도 많다. 당시 4년 만에 졸업하면 기적, 5~6년 만에 졸업하면 가문의 영광, 10년 이내에만 졸업해도 대견한 일이다.

이유는 이런 것이 아닐까.

첫째, 방송대 학생은 대다수가 직장인이어서 주경야독해야 하는 어려움이 있다. 그러니 시간이 지체될 수밖에 없다.

둘째, 학사관리가 엄격하다. 비대면, 온라인으로 이루어지는 학사관리, 과제물, 여러 시험은 철저할 수밖에 없다. 일반대에서는 교수를 찾아가 사정하면 B학점을 A학점으로 바꿔주기도 하지만, 방송대에서는 어림도 없다.

이것이 자랑스러운 방송대의 훈장이다. 우리 방송대 동문은 무공훈장만큼 자랑스러운 훈장을 받은 이들이다. 자화자찬이 아니다. 방송대 공부를 해본 사람들이 입을 모아 인정하는 바다.

방송대 교재는 세계 최고 수준이라고 자부한다. 일반대의 교수와 학생, 일반인들도 방송대 교재를 사서 본다. 학문적 깊이와 체계, 실용성에서 최고 수준이다. 일반대에서는 담당 교수의 저서로 강의를 진행한다. 강의 제목과 내용이 동떨어진 경우도 더러 있다. 방송대 교재에서는 있을 수 없는 일이다.

학이시습지불역열호(學而時習之不亦說乎)라! 공부하고 때로 익히니 또한 즐겁지 아니한가! 공자의 군자삼락 중 첫 번째 낙이다. 김형석 교수가 건강하게 사는 비법으로 꼽은 첫째 덕목이다. 공부야말로 우리를 존재케 하는 힘이요, 나아가게 하는 힘이다.

100세 시대를 사는 우리에게 더욱 와 닿는다. 산다는 게 무엇인가? 단 하나라도 그 생각만 하면 가슴이 뛰고 눈이 반짝여지는 게 있다면, 그는 싱싱하게 살아 있는 것이다. 평생교육의 시대, 배움만 한 것이 있겠는가? 무엇이든 배우면 된다.

마흔아홉 나이에 방송대 문을 두드릴 때는 사업이 한창 번창하고 바쁠 때였다. 공부를 시작한다는 것이 버거울 때였다.

그러나 이때가 아니면 안 된다는 욕구가 더 뜨거웠다. 부산은 일본과 가깝기도 하고, 서점 경영, 책의 경향을 깊이 알기 위해 일본학과를 선택했다. 공부 욕심과 사업에 대한 도움, 두 마리 토끼를 잡아야겠다고 결심했다. 그 선택의 결과는 만족스러웠다.

일본학을 배우면서 어려운 점이 어디 한두 가지였을까. 일본어는 백지 상태였다. 기초부터 시작했다. 일본어에 능통한 대학생에게 개인 과외를 받았다. 가르치는 사람, 배우는 사람의 나이는 아무 상관이 없다. 그 대학생은 알고 보니 딸아이의 친구였다. 뒤늦게 그 사실을 알고는 함께 웃었다. 즐거운 에피소드가 만들어졌다.

입학해서는 스터디 그룹에 참여했다. 거기에서 고마운 학우들을 만났다. 최성문 동기, 정미란 동기의 도움을 많이 받았다. 그분들은 일본어가 수준급이었고 과제 해결 능력도 우수했다. 수고로움을 마다하지 않고 세심하게 도와준 그분들이 고맙다.

방송대는 내 공부의 든든한 주춧돌이 되었다. 공부의 멋과 맛을 알게 해 준 기둥이었다. 계속 공부하도록 이끄는 견인차였다. 방송대 졸업 후 나는 부산 외국어대에서 석사(경영학), 부산대 국제전문대학원에서 석사(국제통상학), 동아대에서 박사(경영학) 학위를 취득했다.

낯선 말들을 만나는 괴로움

살면서 괴롭고 힘든 것은 익숙한 것들과의 결별이다. 작별, 이별이 그렇다. 당연시되어온 것들이 어느 날 갑자기 사라지거나 얼굴색을 바꾸면 고통스럽다.

낯선 것, 익숙하지 않은 것들을 만나는 것도 괴롭다. 당황은 고통이다.

지금 우리 앞엔 낯선 말들이 경연하고 있다. 신조어의 출현이 언어의 1차 기능을 앞지르고 있다. 감염병, 확진자, 사망자, 완치자, 자가 격리, 사회적 거리두기 같은 말은 신조어는 아니지만, 갑자기 부상한 말이다. 이 정도는 알아들을 만하다.

날마다 낯선 올림픽 경기 같다. 불온한 신기록이 나오고 국가의 등위가 바뀐다. 올림픽 신기록은 환호가 터지지만, 불온한 신기록엔 얼굴이 노래진다.

자랑스러운 모교 방송대! 방송대가 가진 능력, 저력, 노하우를 세상을 향해 은혜처럼 베풀길 기대한다. 끝이 보이지 않는 코로나 시대에 지구별 교육은 방송대가 이끌어야 할 것이다.

김윤환 | 현재 영광도서 대표이사, 부산상공회의소 부회장이다. 방송대 일본학과를 졸업하고, 부산외대(경영학)와 부산대(국제학)에서 석사학위를, 동아대(경영학)에서 박사학위를 취득했다. 방송대 부산지역 총동문회장, 국제신문 부사장 등을 지냈다. 저서에는 『천천히 걷는 자의 행복』, 『한 우물을 파면 강이 된다』 외 다수가 있다. 올해의 자랑스러운 서점 대상과 국민훈장 동백장을 받았다.

방송대는 나의 인생을 바꾸어놓은 고마운 학교입니다. 교직 생활의 질을 바꾸기도 했지만, 평생 써온 시의 무늬도 바꾸는 계기가 되었습니다. 인생과 세상과 자연에 대한 보다 폭넓은 이해, 속 깊은 접근을 방송대의 공부가 하도록 도왔기 때문입니다. 후기로 오면서 '나 중심의 시'에서 '너 중심의 시'로 발전되고 변하는 동력이 방송대 공부에 있었던 것입니다.

시를 잘 쓰기만 하면
되었지 하다가

나태주_1982 초등교육과 졸업, 시인

나의 학력은 1963년, 공주사범학교 졸업으로 끝이 났습니다. 공주사범학교는 중학교를 졸업하고 들어가는 고등학교로, 학교를 졸업하고서는 곧장 초등학교 교사가 되는 이른바 직업학교 성격의 학교였습니다. 그때 나이 만으로 18세. 다음 해에 교사로 발령을 받아 2007년 62세까지 43년 동안 교직에 있다가 정년퇴임을 해서 오늘까지 살아오고 있습니다.

돌아보아 학교에 다닌 기억은 힘들기도 하고 아름답기도 하고 고맙기도 합니다. 그 가운데 방송통신대학교에 다니던 시절은 나의 생애 가운데 가장 빛나는 한 시절이었습니다. 앞에서 밝힌 바 대로 사범학교를 졸업한 뒤로 나는 학력을 더 늘리고 싶다는 생각을 하지 않고 살았습니다. 사범학교 졸업 학력, 고등학교 졸업으로도 충분하다고 생각했던 것이지요.

왜냐면 사범학교 다니면서 시인이 되는 것이 평생의 소원이 되었기 때문이지요. 시를 잘 쓰기만 하면 되었지 학력이 무슨 소용이 있겠는가 하는 생각이 있었던 것이지요. 그리고 사범학교 다니던 시절 학교 풍토가 또 나에게 나쁜 인상을 남겼습니다. 오늘에 와 미안한 말이지만 그 시절만 해도 학생들의 커닝이 아주 심했던 시절입니다. 그렇게 해서라도 좋은 점수를 맞아야 한다는 게 나는 싫었습니다.

하지만 내가 고등학교 이상의 학력인 대학교 공부에 전혀 관심이 없었던 건 아닙니다. 때로 대학에 가고 싶다는 생각을 했습니다. 그것도 아주 많이 했던 때가 있었습니다. 심지어는 외할머니에게 당신의 논을 좀 팔아서라도 대학에 보내달라고까지 말한 적이 있었고, 아버지와 그 문제로 심하게 갈등을 빚기도 했습니다.

뒤늦은 공부에 불이 붙어

그러던 차에 한국방송통신대학이 개교되었습니다. 알려진 바대로 방송대는 1972년 3월 9일 서울대학교 부설로 2년제 초급대학 과정으로 개교된 학교입니다. 학과는 다섯 개. 그 가운데 내가 들어갈 만한 학과는 초등교육과와 농학과였습니다. 실은 나도 첫해에 원서를 낸 일이 있었습니다. 그러나 서류전형에서 낙방했습니다.

왜냐면 고등학교 졸업성적이 아주 좋지 않았기 때문입니다.

고등학교 시절 친구들처럼 열심히 공부하든지 커닝이라도 좀 해서 성적을 부풀렸더라면 좋았을 것을 후회했지만 이미 때늦은 뒤였습니다. 처음 생각대로 시나 열심히 써서 좋은 시인이나 되자는 쪽으로 마음을 굳혔습니다. 그러나 나에게도 학력 갱신의 기회는 왔습니다. 초등학교 교사에게는 초등교육학과 입학이 무제한 열린 것입니다.

때는 1980년으로 내 나이 35세. 이미 두 아이의 아버지가 되었고, 시집을 두 권이나 낸 시인으로 그 전해에 '흙의 문학상' 대통령상을 탄 뒤였습니다. 그래, 늦었다고 생각할 때가 이른 때라고 했지. 이제부터 새로 시작해 보는 거야. 그런 마음이 들었을 것입니다. 그렇게 해서 나는 방송대 학생이 되었고 그로부터 2년 동안 치열한 공부가 시작되었습니다.

그것은 중학교 3학년 때 했던 공부 다음으로 내 생애 가운데 가장 열심히 한 공부였습니다. 주경야독이란 말이 있지만, 나는 낮에는 학교 선생으로 살았고 저녁에는 방송대 학생을 살았습니다. 주로 라디오 방송을 통해 강의가 진행되었고 방학을 이용한 출석수업으로 강의가 보충되었습니다. 정말로 나는 방송으로 하는 강의를 한 시간도 빠트리지 않고 들었습니다.

어떤 과목 어떤 강의는 녹음기로 녹음을 해서 몇 번이고 되풀이해서 들으면서 필기하고 외우면서 공부를 했습니다. 자연과학개론, 철학개론, 문학의 이해 같은 과목이 그랬는데 그런 공부를 통해 나는 뒤늦은 나이이긴 하지만 인생과 세상에 대한 더욱 폭넓은 이해와 관심을 얻었습니다. 하마터면 지나친 특수성에 빠질 뻔한 나의 시가 보편성을 얻는 데 많은 보탬이 되었습니다.

당시의 교재 집필과 강의는 주로 서울대학교 교수님들이 맡아서 했습니다. 그래서 나는 스스로 서울대학교에 다닌다는 마음으로 공부를 했습니다. 나이든 학생이고 시골에 살며 뒤처진 사람이지만 공부하는 마음은 마냥 부풀고 고맙고 즐거운 것이었습니다. 더구나 그 당시의 학장님은 정한모 서울대학교 문과대 교수님. 그분은 내가 흙의 문학상을 탈 때 심사위원이기도 합니다.

정말로 나는 생애의 마지막 기회다 싶어서 열심히 공부하고 싶었습니다. 그 바람에 녹음장치가 달린 라디오 두 개가 망가질 정도였습니다. 결과는 나쁘지 않았습니다. 학점이 좋았고 열심히 한 보람이 있어 나는 2학년에 올라가면서 정한모 학장님 추천으로 아산재단에서 주는 '정주영 장학금'을 받기도 했습니다. 방송대 등록금이 적었기 때문에 액수는 적었지만 기쁨은 컸습니다.

한 가지 안타까웠던 점은, 방송대 마지막 시험을 보던 날이 1981년 12월 25일 크리스마스였는데 그날 외할머니가 돌아가신 것입니다. 어려서부터 오직 나 하나만을 바라보며 사신 분인데 그분이 이 세상을 떠났다 하는데 곧바로 찾아뵙지 못하고 시험을 끝낸 이튿날 찾아뵌 일이 지금까지도 참으로 송구스럽게 가슴에 남아 있습니다.

감사하게도 1982년 1월, 서울대학교 대운동장에서 거행된 방송대 졸업식에는 아내와 두 아이와 더불어 장모님, 어머니까지 와서 축하해 주었습니다. 그때 쓴 사각모자가 비록 정식으로 학사학위를 받고 쓴 모자는 아니라지만 가슴 가득 자랑스러움을 주었습니다. 늦기는 많이 늦었지만, 밤을 밝히면서 지악스럽게 공부한 보람을 느꼈습니다.

세워놓은 자루가 되어

더욱이나 고맙게도 전문과정을 졸업하던 해에 방송대가 학사과정으로 학제가 개편된다는 소식이 있었습니다. 젊은 시절 외할머니에게 논을 팔아서라도 들여보내 주십사 떼를 쓰던 대학입니다. 아버지와 크게 불화하면서 맞섰던 대학입니다. 가만히 있을 내가 아니었지요. 곧장 5년제 학사과정 3학년으로 편입했습니다. 이미 전문과정에서 훈련이 된 공부라서 적응하기가 쉬웠습니다. 다시 한번 주경야독의 세월이 흘렀습니다.

그로부터 3년 동안은 오직 공부만을 위해서 보낸 세월입니다. 나의 인생에 더는 학력 갱신이 없다고 고집부렸고 또 시험이란 것은 될수록 적게 보면서 살겠다고 한 결심이 무색해진 셈이지요. 하지만 나는 적당히 하는 공부를 하지 않았습니다. '세워놓은 자루에 곡식이 많이 들어간다.' 영국 속담처럼 어영부영할 공부가 아니지요. 시험문제지 중심으로 할 공부가 아니지요.

더러는 시험문제지만 읽어보고 시험장에 가는 동료들도 있었습니다. 그러나 나는 일차로 방송을 듣고, 교과서를 철저히 읽으면서 공부했습니다. 마침 방송대 교재가 판형이 컸고 또 페이지마다 여유 있는 공간이 있어서 거기에 메모하면서 책을 읽었습니다. 세 번씩 읽었습니다. 우선은 밑줄 그으며 통독하기, 다음은 정독하면서 메모하기, 끝으로 다른 종이에 메모 내용 옮겨 적기.

출석수업과 시험은 주로 방학 중에 치러졌습니다. 일단 방학만 되면 담임하고 있던 학교 교실에 공부방을 만들고 아침 일찍 거기로 출근하면서 공부했습니다. 여름철엔 누워서 책을 읽고 싶을 때도 있었지만 끝까지 앉아서 책을 읽었습니다. 자루를 끝까지 세워놓은 거예요. 그것이 큰 효과를 나타냈습니다. 학교 성적이 좋게 나오는 것은 물론 그로 해서 나는 교육대학원에 진학할 수 있었을뿐더러 초등학교 교감시험에 합격까지 했습니다.

일석삼조(一石三鳥)가 된 셈입니다. 당시만 해도 교감시험 제도가 있었는데, 상당수는 시험에 떨어지기도 해서 일부 동료들은 서울이나 광주의 전문학원을 찾아다니며 고시 공부하듯이 시험 공부를 하던 시절입니다. 하지만 나는 그런 과정 없이 세 가지 목표를 한꺼번에 달성할 수 있었습니다. 그것이 모두 방송대 공부를 철저히 한 덕분입니다.

치열한 만큼 사는 보람도 커

1982년도에 3학년. 1983년도에 4학년. 1984년도에 5학년. 그해 6월엔 신장결석으로 해서 충남대학병원에서 개복수술을 받기도 했습니다. 5학년은 마지막 학년. 졸업시험도 보고 대학원 입학시험도 보고 교감시험도 치러야 하는데 참으로 막막하고 다급한 심정이었습니다. 게다가 수술까지 해서 몸이 말을 잘 듣지 않아서 더욱 힘겨웠습니다. 그러나 나는 그 모든 과정을 포기하고 싶지 않았습니다.

숨이 턱에 닿도록 힘겨웠지만, 그 모든 일을 해냈습니다. 방송대 1학기 시험, 2학기 시험, 졸업시험, 대학원 입학시험 두 차례, 교감시험. 무려 여섯 차례의 시험을 한 해 동안에 치렀습니다. 책상 위에는 여러 번 서로 다른 책들이 바뀌어 올랐다 내려왔다 한 셈입니다. 참으로 다행스럽게도 나는 그 모든 시험을 통과했습니다. 아닙니다. 대학원 입학시험 한번은 낙방했습니다.

여섯 번의 시험을 치르고 났더니 일 년이 훌쩍 지나가 버렸는데 계절이 어떻게 바뀌었는지조차 모르고 한 해를 보내고 말았습니다. 하지만 그렇게 힘겹게 통과한 한 해로 해서 그다음의 모든 일이 순조롭게 풀렸습니다. 교육대학원 졸업논문이 승진 점수에 가산되어 교감 발령에 도움이 되었고 교감으로 발령된 지 일 년 만에 충남교육연수원 장학사로 발탁되는 영광도 입었습니다.

방송대는 나의 인생을 바꾸어놓은 고마운 학교입니다. 교직 생활의 질을 바꾸기도 했지만, 평생 써온 시의 무늬도 바꾸는 계기가 되었습니다. 앞에서도 썼습니다만 인생과 세상과 자연에 대한 보다 폭넓은 이해, 속 깊은 접근을 방송대의 공부가 하도록 도왔기 때문입니다. 후기로 오면서 '나 중심의 시'에서 '너 중심의 시'로 발전되고 변하는 동력이 방송대 공부에 있었던 것입니다.

나에게 방송대는 자랑스럽고 고마운 학교입니다. 인생의 방향을 송두리째 바꾼 학교입니다. 나는 지금도 방송대 교재에 머리를 쥐어 박고 공부를 하던 30대 후반 무렵의 나를 자랑스럽게 회상합니다. 그 시절의 내가 없었다면 그다음의 나는 존재하지 않았을 것입니다. 그러므로 나는 지금도 나 자신 방송대 학생이었다는 걸 떳떳하게 내세웁니다. 나의 마지막 청춘의 불꽃이 거기에 있었던 탓입니다.

나태주 | 현재 공주풀꽃문학관 시인, 한국시인협회 회장이다. 공주사범학교를 졸업하고 초등학교 교사로 재직하다가 2007년 정년퇴임하고, 공주문화원장을 지냈다. 방송대(초등교육과)와 충남대 대학원(교육학 석사)을 졸업했다. 1971년 서울신문 신춘문예에 「대숲 아래서」로 등단한 이후 『풀꽃』 『행복』 『사랑에 답함』 같은 숱한 명시들을 써서 널리 사랑받고 있다. 『꽃을 보듯 너를 본다』를 비롯해 수십 권의 시집을 펴냈다.

참 먼 길을 부지런히 걸어왔지만 나는 아직도 작은 변화의 순간마다 미래에서 바라보는 나를 찾는다. 그것이 뭔지는 확실히 모르겠지만 무엇이 되었든 간에 생각에만 머물러 있어서는 안 되고 몸으로 실천해야 한다는 것은 분명하다. 중요한 것은 남들의 평판이나 화려한 스펙이 아니라 내 안의 열정이다. 아흔아홉 가지를 넘치게 갖췄어도 마지막 하나, 열정이 없으면 다 소용이 없게 된다.

열정으로 이루어가는 꿈

라승용 _ 1992 농학과 졸업, 전 농촌진흥청장

"세상에 못 할 일도 없고 안 될 일도 없다."

이 말을 최면처럼 걸고 살아온 나는 언젠가 기자가 "언제 우리 국민의 안전한 먹거리를 책임지는 농업 연구개발의 수장인 농촌진흥청장이 될 줄 알았는지" 묻기에 이렇게 대답했다.

"공직생활 43년 동안 언제 어느 직무 어느 보직에서나 주어진 임무에 최선을 다하다 보면 나를 원하는 일과 사람 그리고 조직이 많아지게 된다. 그러면 자연히 인사권자가 나를 원하게 되니 결국 내 인사권은 내가 쥐고 있는 셈이다."

나의 이런 자신감은 모두 방송대에 입학하면서 비롯되었다. 방송대는 내게 여유와 용기와 자신감을 주는 원천이었다.

농고 출신 9급 공무원의 시련

1957년 전북 김제에서 태어난 나는 베이비붐 세대로, 어린 시절에 보릿고개를 겪었다. 김제농공고등학교(현재 김제마이스터고등학교)를 나온 나는 대학 진학은 꿈도 못 꾸고 공무원 시험을 치렀다. 1976년, 당시 고교 우수졸업자에 대한 동일계열 공무원 특별채용제도가 생긴 덕분에 농림직 9급 시험에 합격하여 공무원이 되었다.

첫 발령지는 농림부 산하 국립부산생사검사소였다. 비단을 짜는 주원료인 생사는 누에고치에서 뽑은 실로, 당시 농림축산물 수출액의 60%를 차지하는 주요 수출 품목이었다. 국립부산생사검사소는 일본으로의 수출품 품질 검사를 담당하는 기관으로, 우리나라 수출량의 70%를 담당했다.

그러다가 1970년대 후반부터 중국산의 영향으로 국내 생사 산업이 쇠퇴함에 따라 기관의 통합과 인원 감축이 시작되었다. 나는 변화의 바람을 타고 농림부 산하 국립농업자재검사소에 이어 5공화국 출범과 함께 신설된 기관인 농약연구소로 전보되어 농촌진흥청 소속이 되었다. 1981년 말이었다.

연구원이던 나는 뜻하지 않게 농업연구사가 되어야 했는데, 당시에는 석사 이상의 학위를 가져야 농업연구사가 될 수 있었다. 나는 아예 자격 미달이어서 생존 걱정에 내내 불안했다. 그때 과장이 나더러 여기서는 근무 자격이 안 되니 농촌지도소(현 농업기술센터)로 가는 게 어떠냐고 하기까지 했다. 그 얘기에 자존심이 상한 나는 오기가 생겨 살아남을 방안을 궁리했다. 그때 한 줄기 서광이 비쳤으니 방송대다.

내 삶을 바꾼 방송대와의 만남

방송대 82학번으로 입학했다. 농촌진흥청에 인접한 서울대 농과대학에서 출석수업을 받게 된 나는 서울대 교수들의 강의를 들을 수 있었다. 그런데 하필 업무가 제일 바쁠 때 출석수업이 이루어져서 참석이 쉽지 않았다. 그러다 보니 다른 사정까지 더해 10년을 다녀 가까스로 졸업했다. 교육과정을 수요자 중심으로 설계한 방송대가 있었기에 가능한 일이었다.

어느덧 졸업한 지 30년이 넘었다. 재학 때 이종훈 교수를 존경했다. 이 교수는 농촌진흥청 작물시험장에서 벼 육종과 재배를 담당하는 농업연구사로 시작하여 농업연구관이 되고, 일본 도쿄대 농업대학에서 박사학위를 받았다. 당대를 대표하는 농업 연구자로서 1970년대 주곡의 자급을 이루도록 한 통일벼 육성·보급에 크게 공헌한 그는 방송대 교수로 옮겨와 배움에 목마른 후학들에게 가슴을 울리는 가르침을 베풀었다. 특히 농업은 국가의 근본으로, 경제적 가치만이 아닌 문화적 가치도 함께 평가해야 한다는 가르침은 지금도 생생하다.

방송대를 졸업한 나는 고려대 대학원에서 원예학으로 석사학위와 박사학위를 받음으로써 학위 없다고 괄시받은 설움을 말끔히 씻어냈다.

열정이 만들어 낸 결과

　농촌진흥청 연구직은 연구사와 연구관으로 직급이 이원화되어 있다. 당시의 연구관은 5배수의 연구사를 대상으로 논술형 주관식 시험을 치러 뽑았다. 나는 농업연구사가 된 지 10년 만에 일본 연수 기회가 생겨 준비하고 있는데 뜻밖에도 연구관 승진시험 대상자 통보를 받았다. 일본 연수를 포기하고 40여 일 남은 승진시험을 선택했다.

　하지만 최선을 다했음에도 역부족으로 낙방했다. 이듬해에는 승진시험 100일을 남겨두고 공부에 매달렸는데, 지난번의 실패 원인을 철저하게 분석해 약점을 집중적으로 보강했다. 역시 실패가 약이 되었는지 이번에는 최고점으로 합격했다. 동료들이 그 비결을 묻기에 방송대 교재를 추천하면서 나름의 비결을 알려주었다. 모두 감탄하는 모습을 보면서 새삼 세상엔 안 될 일도 없고 못 할 일도 없다는 생각이 들었다.

　내가 농촌진흥청 연구개발국장 보직을 마치고 중앙공무원교육원 고위정책과정에서 장기연수를 받고 있을 무렵이었다. 당시 농촌진흥청 산하 국립축산과학원은 시대 변화에 따라 혁신이 강력하게 요구되는 가운데 우선 기관장 교체가 검토되고 있었다. 나는 그 기관장에 응모하라는 연락을 받았다.

　축산분야에는 문외한인 나는 적잖이 고민했지만, 꼭 전문가가 아니라도 기관장으로 축산 현장과 내부의 실정을 잘 파악하여 갈 길을 열어주는 사람이므로 감당할 수 있겠다 싶어 공모에 응했다. 평소 농업에 관한 나의 소신에 축산 분야의 시급하고도 중요한 현안을 해결하고 미래 비전을 담은 사업계획을 중심으로 하여 응모 서류를 작성했다. 전형을 통과한 내가 국립축산과학원장으로 부임하자 관련 언론과 단체들이 '비전공 낙하산'이라며 크게 반발했다. 그러나 내가 거침없이 업무를 추진하고 직원들 및 축산 현장과 적극적으로 소통하는 모습을 보면서 반발은 수그러들었다.

나는 취임하고서 국립축산과학원이 보유한 우수 종축을 분산 보존하는 정책을 폈다. 가령 20년에 걸쳐 복원된 토종닭은 천안에 이어 남원에 분산 보존했는데, 뒷날 천안에 발생한 AI로 천안 보존 토종닭을 모두 살처분해야 했다. 분산 보존이 없었으면 20년 복원의 결실이 물거품이 될 뻔했다. 그런 노력이 쌓여 취임 이듬해에는 책임연구기관 최우수기관으로 대통령 표창을 받음으로써 취임 당시의 비전공 낙하산이라는 비판이 무색하게 만들기도 했다.

농촌진흥청의 역사

농촌진흥청의 역사는 조선 정조임금 시대까지 거슬러 올라간다는 주장이 있다. 정조 20년(1796) 수원화성이 건설되면서 성민과 군사들에게 먹일 식량을 확보하기 위해 축만제(서호)를 완성하고 축만제둔(서둔)을 설치했는데, 최초의 과학영농으로 평가되는 이 제도를 농촌진흥청 역사에 포함해야 한다는 것이다. 이후 1906년에 권업모범장이 설립되고, 1957년에 농사원이 설치된 데 이어 1962년에 농촌진흥청이 설치되어 과학영농의 산실이 되고 있다.

그러다가 농촌진흥청은 참여정부 때 대대적인 변화를 겪는다. 국가균형발전 시책의 하나로 수도권에 있던 정부 기관이 대거 지방 도시로 옮겨가게 된 것이다. 2005년 6월, 수도권 소재 176개 이전 대상 기관이 발표되었는데 농촌진흥청의 7개 기관이 포함되었다.

농촌진흥청 산하의 기관들은 다른 기관들보다 규모도 훨씬 큰 데다가 첨단연구시설과 시험연구시설 같은 특수한 시설이 많고 넓은 시험연구 포장이 필요함에 따라 이전 비용이 막대해서 이전이 쉽지 않다. 과거에도 몇 차례 시도하다 무산된 적이 있어서 이번에도 다들 의구심을 떨치지 못했다.

나는 일본의 쓰쿠바 연구단지 조성과 프랑스의 앙티폴리스 연구단지 조성을 통한 발전 사례를 들어 농촌진흥청의 미래 100년을 준비할 수 있는 절호의 기회라고 생각했다. 그래서 국장급 기관장 승진을 포기하고 지방이전추진단장을 맡아 최적의 연구환경과 최고의 직원복지를 고려한 이전계획을 수립하여 추진했다. 수원에서 전북으로의 단순한 공간이동 개념을 넘어 농생명 혁신 클러스터를 조성함으로써 전라북도를 매년 30만이 찾는 최첨단의 세계적인 농생명 수도로 만든다는 야심 찬 마스터플랜을 세운 것이다.

농생명 혁신 클러스터 조감도

이리하여 혁신도시 내 325만 평 부지에 사업비 2조 원 규모의 대역사가 시작되었다. 그런 중에 정권이 바뀌어 우여곡절을 겪느라 예정보다 2년 늦어진 2014년에 세계 최고 수준의 농생명 혁신 클러스터, '그린밸리'(Green Valley)가 완공되었다. 10개월에 걸쳐 5톤 트럭 6,000대 분량의 이삿짐이 옮겨지는 동안 연구 활동도 중단되지 않았고, 단 한 건의 안전사고도 일어나지 않았다.

미래에서 바라본 나의 모습

"세 사람이 길을 가면 그중에 반드시 나의 스승이 있으니, 선한 자를 택하여 따르고 선하지 못한 자를 가려서 자신의 잘못을 고쳐야 한다."

공자 말씀이다. 미래의 길을 찾아가는 가운데 과연 그 길이 맞는지 스스로 의심스러울 때가 있다. 이럴 때 미래의 눈으로 현재의 나를 보고, 주위 사람의 눈으로 나를 보면 내가 갈 길이 분명해지고 내 허물이 잘 보인다는 것이다. 가슴에 새길 말씀이다.

2016년, 공직을 떠나 전북대학교 농과대학 원예학과 석좌교수로 부임했다. 수업시간에 학생들에게 "왜 농대에 왔느냐?"고 물으니 하나같이 "수능점수에 맞춰 왔다"고 했다. 놀란 나는 이후 기회 있을 때마다 산업으로서의 농업과 직업으로서의 농업 그리고 국가 안보로서의 농업 등 농업에 관한 다양한 정보와 가치를 알려주려고 애썼다.

한편, 나는 농업기술실용화재단이 주관하는 제1회 국제종자박람회 조직위원장을 맡아 적잖은 성과를 남겼다. 단순한 이벤트나 보여주는 박람회가 아닌 비즈니스 박람회로 해외 바이어들을 초청하여 우리의 품종육종 기술을 알리고 50억 원의 수출계약을 맺었다. 이제는 우리의 육종기술이 수출대상국의 기후와 기호에 맞출 만큼 고도로 발전했기 때문에 가능한 일이었다.

2017년, 문재인 정부 출범과 함께 나는 농촌진흥청장으로 발탁되었다. 퇴직 공무원이 청장에 발탁되기는 유례가 없어서 주변에서는 다들 놀랐다. 하지만 나는 청와대와 아무 연줄도 없는 사람으로 재직 시 매사에 정성을 다하여 일한 성과와 퇴직 후 어려움이 있는 여러 농업 현장에서 함께하고 있는 순전히 내 업무 능력을 높이 산 것이다. "내 인사권은 내가 쥔 셈"이라는 앞선 말이 증명되었다.

나는 청장에 취임하면서 '농업인들에게 드리는 7가지 약속'을 내고, 현장 농업인들의 다양한 목소리에 귀를 기울이면서도 농촌진흥청이 농업인 중심에서 국민 중심으로 거듭나도록 하는 데에 최선을 다했다.

우리는 난관에 봉착하면 현장에 답이 있다고 말은 잘하지만 정

작 현장에 소홀하기 쉽다. 나는 청장 재임 중에 매주 한두 번은 꼭 농업 현장을 방문했다. 연구 결실이 현장에서 잘 활용되고 있는지, 현장에 다른 문제는 없는지, 현장에서 취하여 널리 보급할 기술은 없는지, 청년 농업인이 정착하는 데 어떤 지원이 필요한지 하는 것들을 찾기 위해서였다. 다른 것들은 웬만큼 다 성과를 냈지만, 농촌 총각 결혼 문제는 풀지 못해 지금도 미안하고 안타깝다.

참 먼 길을 부지런히 걸어왔지만 나는 아직도 작은 변화의 순간마다 미래에서 바라보는 나를 찾는다. 그것이 뭔지는 확실히 모르겠지만 무엇이 되었든 간에 생각에만 머물러 있어서는 안 되고 몸으로 실천해야 한다는 것은 분명하다.

중요한 것은 남들의 평판이나 화려한 스펙이 아니라 내 안의 열정이다. 아흔아홉 가지를 넘치게 갖췄어도 마지막 하나, 열정이 없으면 다 소용이 없게 된다.

> **라승용** | 방송대에서 농학을 공부하고, 고려대에서 원예학 석·박사 학위를 받았다. 1976년 농림부 산하 국립부산생사검사소 9급 농림직으로 공직에 발을 들인 1981년부터 줄곧 농촌진흥청 산하 연구기관에서 일했다. 국립축산과학원장과 국립농업과학원장 등을 지내고 농촌진흥청 차장을 끝으로 2016년에 40년간의 공직생활을 마무리했지만, 전북대학교 석좌교수로 재직하던 2017년 농촌진흥청장에 임용되어 이듬해까지 재직했다.

내게는 우리 학교에 대한 뿌리 의식이 거의 종교처럼 오롯하고 깊습니다. 4학년 후반기쯤이었어요. 이미 과목은 잊었는데요. 그 과목의 연습문제 제목 중에 '온달 장군'이 눈에 확 들어왔어요. 바로 그 연습문제 제목에서 영감을 얻어 쓴 시 덕에 지금의 나는 존재한다는 생각이 듭니다.

빛과 그림자

박라연 _ 1990 국어국문학과 졸업, 시인

이 글을 쓰려고 책상 앞에 앉자마자 떠오른 문장이 있습니다. "아버지 날 낳으시고 어머니 날 기르시니."입니다. 저를 좀 더 바람직한 사람으로 세상 복판에 다시 낳아준 그는 우리 대학입니다. 세상을 조금이라도 따뜻하게 받들게 한 그 또한 우리 대학입니다. 다시 떠올리니 아찔합니다. 내가 만약 36년 전 그러니까 서른다섯인 내가 우리 학교의 텃밭에 학문의 씨앗을 뿌릴 수 없었다면 지금의 나는 어디서 어떻게 늙어가고 있을까요? 몸도 마음도 약한 내가 과연 지금까지 살아는 있을까요?

방송대는 나의 어버이

나는 우리 대학의 햇살을 물고 무려 36년간 나의 정신을 담금질하여서 지금을 누리고 있습니다. 노을이 물든 황금 들녘으로 이끌어 주었습니다. 눈 쌓인 언덕에서 꽃잎이 눈뜨는 곳으로 창을 열어주었습니다. 빵 굽는 냄새와 커피 향이 흘러넘치는 식탁에 앉게 해주었습니다. 배고프고 외롭고 추위에 떨던 한 소녀와 한 처녀와 한 주부의 눈망울에 반짝반짝 빛나는 보석을 넣어주었습니다. 본인이 본인의 엄마 되고 아빠 되어 한 점 한 점 길을 내어 걷게 하고 날게 하고 장대 높이 뛰게 해주었습니다.

여고를 수석으로 졸업했으나 우리 집 세끼는 제가 책임져야겠다 다짐하면서 아무런 갈등 없이 진학을 포기했습니다. 취직은 했으나 미래가 불투명한 첫사랑의 남자와 전 결혼을 했습니다. 입덧이 심해서 사표를 냈고 스물여덟 살의 새댁인 저는 겨우 43킬로그램의 체중으로 13평 아파트에서 하숙집 아줌마로 위기를 모면했습니다. 그 좁은 집에서 하루 전까지는 서로 본 적 없는 사이의 청년들과 숙식을 함께한다는 두려움도 도시락을 매일 싸줘야 하는 번거로움도 몰랐습니다. 그저 남편의 체력 관리를 위해 양질의 식단을 돈 걱정 없이 매일 짤 수 있게 된 것이 그저 좋았습니다. 등록금 걱정 없이 남편이 대학원을 마칠 수 있다는 점이 좋았습니다. 한여름에도 긴 바지와 소매가 긴 옷을 입어야 했지만 더운 줄도 몰랐습니다. 그런 조용한 사랑이 훗날 야박한 운명으로부터 시「서울에 사는 평강공주」를 선물 받았을까요?

결혼생활 10년도 안 되어서 제 고생이 거짓말처럼 끝났습니다. 지방대학에 전임 자리를 받은 남편을 따라 지방으로 내려갔습니다. 남편은 제게 이제 당신 차례라며 공부를 시작하라더군요. 그 무렵 서울예전 문학창작과의 입시 전형이 내신 50, 실기 50이어서 참 기뻤습니다. 그렇지만 유치원생 아이를 둔 지방 사는 주부가 서울로 학교에 다니는 일이 불가능했어요. 포기의 눈물을 삼키며 돌아선 날 아침신문에서 만났습니다. 우리 대학 신입생 모집 광고였습니다. 바로 응시하여 합격했습니다. 그런데 또 어쩌죠? 책만 펼치면 졸리고 책만 덮으면 기억이 아득했습니다. 그래도 기말시험을 보려고 동숭동에 갔지만, 정답은 절반도 기대하기 어려웠어요. 시험장을 나온 후 학교를 포기했습니다. 이웃들을 만나 고스톱을 치며 놀았습니다. 문득 한 분이 물었어요. "왜 서울에 온 거야? 그냥 놀러 오진 않았을 것 같은데?" "으응, 사실은 공부하러 왔는데 너무 힘들어서 도중 하차했어." "넌 늘 책 읽는 모습이 어울렸어! 우리랑 고스톱 치는 것은 안 어울려!" 할 때 제 두 손이 파르르 떨리더군요.

빛과 그림자

1학년 2학기부터 영어 포함해서 모든 과목을 과락 없이 이수했습니다. 근데 3학년 가을 학기에 또 복병이 나타났습니다. 뜨거운 피가 요동을 친 것일까요? 모든 것이 허무하고 무겁고 시들해서 관두자! 했습니다. 문득 국사 과목의 정 교수님이 칠판에 적어준 전화번호가 생각났습니다. 고구려와 발해의 역사를 강의할 때의 전율이 떠올랐어요. 만약 당대의 통치자들이 이기심을 버리고 좀 더 진취적이고 자주적인 사고를 지녔다면 우리의 지금 영토는 엄청 광활했을 것이라는 대목에서 강의실은 잠시 고요 그 자체였죠. "설거지도 하고 수업받으러 오시는 분도 있을 테니 출석 체크는 2교시 끝나고 합니다." 라시던 따뜻함이 겹쳐와서 저는 전화를 했습니다. 답은 명쾌하고 따뜻했습니다. "학교 책을 멀리 두고 잡지 등을 읽으면 좋을 거예요." 일주일 후쯤 내 손엔 우리 학교 책이 있었습니다. 두 번의 자퇴 위기를 극복하고 무사히 졸업했습니다. 가장 아쉬운 점은 동창생이 한 명도 없다는 겁니다. 학기가 바뀌어 교실에 들어서면 아는 얼굴이 없을 만큼 도중에 포기했습니다. 졸업하던 해에 저는 동아일보 신춘문예 시 부문에 당선되었습니다. 고려대 석사 연구과정 합격 통지서도 받았습니다. 다음 해 가을에 문학과지성사로부터 시집 출간 제의도 받았습니다.

그래서일까요? 제게는 우리 학교에 대한 뿌리 의식이 거의 종교처럼 오롯하고 깊습니다. 4학년 후반기쯤이었어요. 이미 과목은 잊었는데요. 그 과목의 연습문제 제목 중에 '온달 장군'이 눈에 확 들어왔어요. 바로 그 연습문제 제목에서 영감을 얻어 쓴 시 덕에 지금의 저는 존재한다는 생각이 듭니다. 제 데뷔작이며 출세작이 된 시 「서울에 사는 평강공주」는 그렇게 태어났고 첫 시집 제목까지 되었습니다.

각종 매체의 인터뷰를 통해 알려진 제 이력이 독자들에게 불을 지폈을까요? 여러 출판사로부터 시집은 물론 동화와 산문집 등 출간 제의가 잇달았어요. 계속 사양을 하자 어떤 이는 10만 부를 팔 수 있다고 장담했습니다. 쉬운 시, 즉 제 시집엔 못 넣고 버린 시 위주로 묶자는 제안을 했습니다. 제 이름이 적힌 시집은 모두가 제 분신이며 밥 굶는 처지도 아닌데 그런 출간 제안이야말로 저에 대한 예의가 없는 행위라고 판단했습니다. 통화 내용을 들은 남편은 야속하게도 순수는 무슨 순수냐며 비아냥거렸어요. 그러나 저는 더 어렵고 가난한 시절에도 돈 앞에서 수척해진 적도 돈과 저의 명예를 바꾼 적도 없었기에 단호할 수 있었습니다.

그렇게 당차게 저를 지키려 하는데도 야박한 인생은 또 저를 무너뜨리기 일보 직전으로 몰고 갔습니다. 눈앞에 놓인 물건 하나 집어 올릴 기력이 없었습니다. 한 달쯤 무위도식하다가 겨우 제 자리를 찾았습니다. 그때 고대 대학원과는 인연이 끊어지고 말았습니다. 학교 가려고 하면 머리가 지끈거렸기 때문입니다. 옛날엔 돈이 없어서 그 교정을 못 걸었는데 이제는 돈의 힘으로 입학은 했으나 내 흐트러진 정신이 좋은 기회를 놓치는구나! 한탄도 잠시였죠. 시만 다시 쓰면 된다고 웃었습니다.

마흔 중반이 넘어서야 제 피가 잠잠해졌을까요? 저는 하루 16시간 이상을 공부에 바쳐 박사과정 입학시험에 합격했습니다. 무사히 박사학위를 받았습니다. 이 과정의 승리의 일등공신 또한 우리 학교입니다. 이수해야 할 과목의 방송강의를 반복해서 들어야만 졸업이 가능한 수업방식에 익숙한 덕분이었습니다. 돌이켜보니 박사과정을 이수하는 과정 또한 쉽지만은 않았습니다. 어찌 된 일인지 박사과정 밟는 일엔 남편마저 심하게 반대했습니다. 큰 수건으로 전등을 가리고 공부해서 무사히 마쳤습니다.

보따리 장사 10여 년은 행복했습니다. 모교 총장님을 비롯하여 여러 교수님이 다양한 기회를 주셨습니다. 덕분에 평생교육의 장에서만 접할 수 있는 다양한 이력의 수강생들을 만났습니다. 치과병원을 20년간 운영하던 원장님이 병원을 과감하게 접고 소설의 기초를 공부하려고 편입했더군요! 또 10년간 서울 서초구에서 변호사로 살다가 로스쿨 교수님이 되어 지방으로 왔는데 그냥 문학의 향기가 그리워서 편입했다는 분도 만났습니다. 교장으로 퇴직한 후 팔순에 이르도록 관심 분야를 고루 공부하기 위해 전공을 바꿔가며 편입을 했고 수필집을 출간한 분도 만났습니다.

다른 대학에 가서도 행복하게 강의했습니다. 시 창작 수업으로 인기 있는 교수 대접을 받았습니다. 저는 늘 반짝반짝 빛나게 보였을 것입니다. 어찌 하늘이 제게만 햇살 가득한 시간을 주었겠습니까? 힘들 때마다 문을 9개쯤 만들어서 숨어들었습니다. 그 문을 하나하나 따고 다시 바깥으로 나왔을 뿐입니다. 정신이 자라나야 나를 지킬 테니까요.

정신이 자라야 나를 지켜

산골 집을 겨우 300만 원에 사서 10년간 제 손발로 600여 평의 공터와 폐가의 자리를 거두어 꽃천지를 만들었던 그 힘이 제시 정신을 지켜내는 원동력일 것입니다. 눈만 뜨면 호미를 들었고 땅을 일궈 꽃씨를 뿌렸습니다. 동덕여대생 130여 명이 박라연 문학기행을 왔습니다. 대형버스 3대를 몰고 산골까지 찾아온 것을 저는 잊을 수 없습니다. 무덤의 숫자가 사람 숫자보다 많아서 방문객마다 놀라워했습니다. 저는 온갖 상황과 싸우면서도 지천의 꽃들만 보면 마치 제 피붙이요 후손인 양 행복해서 감사기도를 올렸답니다.

그곳을 놓고 떠나야 할 때가 오고 말았습니다. 시 지망생인 최선아 씨에게 선물처럼 그 집을 두 손으로 바치고 올라왔습니다. 우체국에 근무하는, 꽃을 무척 좋아하는, 머잖아 시가 터져 나올 분이어서였습니다. 폐가를 사서 가꾸고 산 저의 10년 세월이 제게 선물한 9번째 시집과 영랑시 문학상은 아무래도 기적이다는 생각이 듭니다. 산골 집으로 문학기행 온 일행 중에 출판사 편집위원이 있었습니다. 버려진 산골 마을을 꽃천지로 바꾸며 10년을 살아낸 한 시인의 세계를 예리한 눈매로 기대한 것이었을까요? 그렇게 출간된 9번째 시집 『헤어진 이름이 태양을 낳았다』로 저는 영랑시문학상 첫 수상자가 된 것입니다. 세상은 공짜가 없고 본인의 피와 땀이 일군 보석과 열매는 있다는 것을 체험한 셈입니다.

입학해서 지금까지 겪은 우여곡절이 우연은 아닌 듯합니다. 우리 학교에서 자퇴 위기를 두 번이나 넘긴 점이 특히 그러합니다.

고전소설의 주인공이 위기에 처할 때마다 짠! 하고 구원자가 나타나듯 현재를 살아가는 우리에게도 그러할 수 있다는 생각이 듭니다. 낭떠러지에 발 하나를 걸치고 하늘을 향해 외마디 소리를 지르면 우리 손을 잡아채어 안전한 곳으로 데려가 주는 손도 나타나기도 한다고 믿어보면 어떠할까요?

박라연 | 시인이다. 방송대(국문과), 수원대 대학원(국문학 석사), 원광대 대학원(국문학 박사)을 졸업했다. 1990년 동아일보 신춘문예에 「서울에 사는 평강공주」가 당선되어 등단했다. 시집으로 『서울에 사는 평강공주』 『너에게 세 들어 사는 동안』 『공중 속의 내 정원』 『헤어진 이름이 태양을 낳았다』 등을 냈고, 산문집으로 『춤추는 남자, 시 쓰는 여자』를 냈다. 윤동주문학상, 박두진문학상, 대한민국문화예술상, 영랑시문학상을 받았다.

방송대에서 소설 쓰기의 기초를 공부한 것이 마중물이 되었을까. 학교를 졸업한 뒤 꾸준히 책을 읽고 장르를 딱히 구분할 수 없는 글들을 쓰다가 소설가 윤후명 선생님을 만났다. 누구와도 비교할 수 없는 독특한 세계관을 지니고 독보적인 소설을 쓰는 작가다. 소설에 관한 한 엄격하기 그지없는 선생님의 지도로 공부를 했다. 그렇게 3년여의 혹독한 시간을 바치고 가까스로 소설가가 되었다.

매혹된 삶

방현희_1990 국어국문학과 졸업, 소설가

나는 이십오 년 만에 다시 병원으로 돌아왔다. 병원 문이 열린다. 데스크에 앉아 있는 내게로 다양한 신체와 그 신체에서 벌어지는 질병을 지닌 구체적 실체들이 다가온다. 서울에서 밀려나고 밀려나 이곳 비닐하우스에 살다가 갑자기 땅값이 올라서 십억이 넘는 집을 갖게 된 사람들이, 임대 아파트에 사는 생활보호대상자들이, 건축 현장에서 일하고 식당에서 일하는 사람들이, 누군가의 요양보호사가 휠체어를 밀며 들어온다. 커다란 식당의 점장과 그 식당에서 서빙을 하는 중국인들, 스쿠버 다이빙을 전문으로 하는 회사 사람들, 건축 현장 소장과 노동자들, 무슨 회사인지 모르지만 회사에 다니는 사람들, 무슨 사업인지 모르지만 사업하는 사람들이 각자의 병을 지니고 화나고 슬프고 고통스러운 얼굴로 들어온다. 나는 이전에는 얼굴조차 마주할 일이 없었던 사람들을 부축하여 병상에 눕히고 호소를 듣는다.

현실적 선택, 어긋나는 공부

이십오 년 전 나는 소설가로 등단했다. 초등학생 3학년 무렵부터 소설의 세계만을 꿈꾸며 살았던 내가 마침내 그 꿈을 이룬 것이다. 아버지가 공무원인 우리 집은 형제가 일곱이나 되었고 나는 그중 막내였으며, 한 해에도 대학생이 두셋은 되었다. 형제들은 다들 예능 방면에 자질이 있었지만, 자신에게 가장 현실적인 학과를 선택하여 독립해야 하는 게 우리에게 주어진 과제였다. 나는 국문학과를 가고 싶었지만, 졸업 후 딱히 적당한 직업을 가질 수 없을 거라는 부모님의 의견에 따라 간호대에 들어갔다. 간호사가 되어 3교대 근무를 하면서도 나는 여전히 책을 읽고 소설을 쓰곤 했다. 소설을 쓰는 데 필요한 본격적인 공부를 하고 싶었지만 3교대 근무를 했기 때문에 다른 어떤 대학도 들어갈 수 없어 낙심하고 있던 차에 원격수업을 들을 방법이 있다는 것을 알고 곧바로 방송대 3학년에 편입했다.

3교대 근무를 하고 기숙사에서 생활하는 내가 소설을 공부할 방법은 오직 책을 읽는 길밖에 없었는데 방송대의 원격수업은 내게 굉장한 기회가 되어주었다. 삼십 년 전 당시에는 방송으로 수업을 듣고 방학 중에 강의실에서 교수님에게 직접 듣는 강의가 열리곤 했다. 나는 오직 소설을 쓰는 길을 가고 싶었지만, 방송대의 커리큘럼은 소설창작에 직접적인 도움이 되는 과정은 없었다. 그러다 문학비평의 기초를 공부하게 되면서 비로소 소설 관련 공부를 하는구나 싶어서 매시간 몹시 설렜다. 수업교재만으로는 내 호기심을 채우기 부족해서 문학비평에 관한 책들을 찾아 읽으며 소설 뒤편에서는 이런 연구들이 치열하게 쌓여왔구나, 하는 것을 알게 되었고 더욱 공부에 대한 열망이 높아졌다.

그러던 어느 날 마광수 선생님의 시 창작 수업을 듣게 되었다.

마광수 선생님은 시나 소설에 대해 내가 가진 막연한 관념을 깨부순 첫 선생님이었다. 하늘의 일은 하늘에 계신 분이 알아서 할 일이고 땅에 사는 우리는 땅 위에서 벌어지는, 바로 내 오늘의 일을 쓰는 것이라고 했다. 시가 그렇다면 소설은 과연 내 삶의 무엇을 써야 하는지 궁금하기 짝이 없었다.

방송대와 나의 소설 공부

코로나19 바이러스가 창궐하는 세계 속에서 2년을 넘게 지내다 보니 이런저런 원격 강의들이 눈에 띈다. 나 역시 주말에는 소설창작 강의를 하는데 강의실에 모일 수 없으니 줌이나 구글 미트를 통해 원격 영상강의를 진행하고 있다. 매번 영상강의를 하면서도 번번이 오늘 수업은 얼마나 끊기지 않고 매끄럽게 진행될지 걱정되곤 한다.

대부분 대학교나 중고등학교들이 이제야 영상교육을 시행한다며 아직도 시행착오를 겪고 있는 것에 비하면, 방송대는 오래전에 이미 시스템을 갖춰서 영상교육을 해오고 있다. 이것만 봐도 방송대 방식이 얼마나 선구적이고 미래지향적인지 알 수 있다.

영상교육은 지금의 팬데믹과 같은 상황에서 매우 유용한 교육방법임이 틀림없다. 또한, 인류의 미래 역시 예측할 수 없는 상황이 올 수도 있느니만큼 인류사회에 더없이 필요한 교육방식이 될 것이다.

　방송대의 교육과정과 과목들도 급격하게 발달하는 미래사회에 대응할 수 있을 만큼 다양하고 상세하게 짜여 있어서 새로운 공부를 하고 싶은 사람들은 얼마든지 골라 선택할 수 있게 되어 있다. 현대의 젊은이들은 생활 여건이 다양해진 만큼 자신의 성장을 위해 방송대의 커리큘럼을 찬찬히 톺아보면 좋은 기회를 찾을 수 있을 것이다.

　방송대에서 소설 쓰기의 기초를 공부한 것이 마중물이 되었을까. 학교를 졸업한 뒤 꾸준히 책을 읽고 장르를 딱히 구분할 수 없는 글들을 쓰다가 소설가 윤후명 선생님을 만났다. 누구와도 비교할 수 없는 독특한 세계관을 지니고 독보적인 소설을 쓰는 작가다. 소설에 관한 한 엄격하기 그지없는 선생님의 지도로 공부를 했다. 그렇게 3년여의 혹독한 시간을 바치고 가까스로 소설가가 되었다.

　등단제도는 이제 공식적으로 소설을 써도 좋다는 허락 같은 것일 뿐이다. 쟁쟁한 프로들 사이에서 한 편이라도 발표할 지면을 얻기 위해 다른 모든 작가와 구별되는 나만의 작품 세계를 구축해야 했고, 단 한 줄의 오문도 비문도 없는 소설을 써야 했다. 이런저런 상을 받으며 평범하지 않은 인간의 내면을 심층적으로 파고드는 작품을 쓰는 것으로 인정받았다. 이후 이십오 년 동안 문예지에 발표한 단편소설을 묶은 소설집 네 권, 장편소설 열 권 남짓, 에세이집 서너 권, 그리고 어린이 고전 등의 책들을 내며 나만의 세계를 만들어왔다.

내 생의 열망

매혹 혹은 몰입 같은 단어에 숨어 있는 것은 '열망'이다. 내 삶의 대부분을 표현할 수 있는 단 하나의 단어가 있다면 그것은 열망이다. 나는 소설에의 열망으로 오십오 년을 살아왔다. 내 생활은 다른 이들과 마찬가지로 단조롭고 그날이 그날이었겠지만 내게는 단 하루도 같은 날이 없었다. 나는 언제나 소설을 쓰고 있었으니까. 소설을 쓰는 사람의 머릿속은 하루하루가 다 다른

날이다. 매일 내가 쓰는 글에 대한 설렘과 기대가 있었으니까.

병원에서 근무한 8년 동안 나는 내가 만난 많은 사람의 말과 표정, 행동을 관찰하고 그들의 고통을 눈여겨보았고, 기록해두었으며, 바투 다가가 그들의 손을 잡았다. 훗날 이때 겪었던 사람들의 병원 생활에 대해 에세이집을 내기도 했고, 이 에세이집으로 큰 상을 받기까지 했으니 내게는 어느 하루, 어느 사람, 어떤 상황도 모두 소중한 소설 쓰기의 바탕이 되어주었다고 할 수 있다.

파쿠르라는 스포츠가 있다. 우리는 가끔 방송화면을 통해서, 또는 영화를 통해서 맨몸으로 높은 건물 사이를 뛰어넘거나 깎아지른 절벽 사이를 건너뛰거나, 수직으로 솟은 건물을 타고 오르는 장면을 본다. 파쿠르는 프랑스어로 길, 여정(旅程)이란 뜻이다. 특별한 도구나 장비 없이 맨손 맨몸으로 이동하는 능력이다. 바위를 건너뛰고 앞을 막아서는 높다란 벽을 뛰어넘고 깎아지른 빌딩 사이를 지그재그로 박차고 올라가는 사람들은 도대체 왜 저런 위험한 일을 하는 것일까. 자기 앞을 막아서는 장애물은 그들에게 한계로 인식되는 게 아니라 새로운 가능성으로 인식된다.

고양이처럼 날렵하게 장애물을 타고 넘는 사람들이 아름답다. 저들은 몸으로 길을 만들고 나는 정신으로 길을 만들어왔구나, 하고 생각한다. 자유로운 정신과 독립적인 신체를 가졌다는 것이 얼마나 행복한 일인지.

전에는 몰랐던 즐거움

그렇게 소설가로 산 이십오 년을 뒤로하고 간호사로 돌아왔다. 나는 이제 피 묻은 솜과 주삿바늘을 분리해 폐기물 상자에 버리고, 환자의 체액이 묻은 시트를 걷고, 지린내와 짠내가 나는 노인들을 부축해서 눕히고 체위를 바꿔줘야 한다. 책장을 넘기고 마우스와 키보드를 두드리던 손은 이제 500원짜리, 100원짜리 돈을 세어 건네주고 환자가 떠난 자리를 닦고 오물을 버리고, 쓰레기통을 닦는 손으로 대체되었다. 주부로 살았기에 이런 일들이 꺼려지지는 않는다. 가족들이 먹고 난 닭 뼈를 손으로 집어 쓰레기통에 넣고 생선 내장을 분리하고, 돼지와 소와 닭의 기름을 떼어내고 개와 고양이의 똥과 소변을 치우는 일을 해왔으니까.

그러나 예전에는 상상도 하지 못한 즐거움을 누린다. 내 늙은 뒤가 저러할까. 할머니들과 다정하게 이야기를 나눈다. 할머니들이 집에서 쪄온 고구마를 먹으며, 추운 겨울과 더운 여름을 굴다리 밑에서 채소를 팔며 자식을 키운 이야기를 듣는다. 한때 호텔 디자이너로 일하던 멋진 여자가 희귀한 병을 앓게 되어 그 모든 영광의 시절을 뒤로하고 예쁜 도시락을 만들어 가져와 늘어놓는 화려한 이야기를 듣는다. 늙은 사람들의 이야기는 예전에 생각했던 것만큼 고루하지 않다. 나는 한 인간이라는 거대한 세계가 생겨나고 융성하고 기우는 이야기를 듣는 것이다.

내 어린 시절의 벽장

어린 시절 형제가 일곱이나 되는 집에서 내가 아무에게도 방해받지 않고 종일 소설을 읽을 수 있는 곳은 벽장뿐이었다. 벽장 문을 빼꼼히 열어놓고 군것질을 하며 책을 읽곤 했다. 아주 훗날 막스 피카르트의 "새들이 이집트를 향해 날기 시작하면, 그들은 이미 이집트에 있다. 그들은 내면에 이집트를 갖고 있으며, 그렇게 자신의 내면을 향해서 날아간다."(막스 피카르트, 『인간과 말』)를 읽고 내 어린 시절의 벽장은 이미 이집트를 품고 있는 거대한 세계였다는 것을 깨달았다.

방현희 | 소설가다. 2001년 단편 「새홀리기」로 《동서문학》 신인문학상을 수상하면서 작품활동을 시작했다. 2002년 장편 『달항아리 속 금동물고기』로 제1회 문학/판 장편소설상을 받았다. 소설집 『바빌론 특급우편』『타오르다』 등이 있고, 장편소설 『달을 쫓는 스파이』『네 가지 비밀과 한 가지 거짓말』『세상에서 가장 사소한 복수』『불운과 친해지는 법』 등이 있으며, 산문집 『오늘의 슬픔을 가볍게, 나는 춤추러 간다』『우리 모두의 남편』『함부로 사랑을 말하지 않았다』 등이 있다.

급변하는 사회환경과 새로운 시대의 요청에 따른 사명과 역할을 고민해야 할 때가 아닌가 싶다. 고등교육 기회를 널리 부여하는 데 최우선의 목표를 두어온 방송대가 이제는 수준 높은 사회 재교육에도 관심을 돌려야 할 때다. 직무 관련 재교육이 필요한 사람들이 나날이 늘어남에 따라 자연히 방송대의 역할이 더욱 중요하게 되었다.

중년의 도전과 응전

신동훈 _ 2015 정보통계학과 졸업, 서울대 의과대학 교수

1990년대 초, 서울의대에서 기초의학을 공부하고 교수로 재직한 지 20년째다. 소장 연구자로서 어려운 여건에서도 여러 연구를 수행하는 가운데 대단치 않으나마 성취감으로 세월 가는 줄 몰랐는데 어느덧 50대 중반의 중견 연구자가 되어 있는 나를 본다. 그동안 별 탈 없이 연구를 끌고 온 데는 방송대 덕이 크다. 방송대에 늘 빚진 마음이었는데, 이 글로 일부나마 갚을 수 있겠다 싶어 기쁘다.

40대에 찾아온 위기

의대를 졸업하고 의사 면허를 받는다고 해서 모두 임상의로서 환자를 진료하는 것은 아니다. 나처럼 연구에 뜻을 둔 사람은 더 깊이 공부하여 의학자의 길을 가기도 한다. 그러기 위해서 대개는 대학원에 진학하여 석사과정, 나아가 박사과정을 밟는데, 향후 독립된 연구자로서 활동하는 데 필요한 지식과 기술을 배우고 닦는다.

다른 분야도 마찬가지겠지만 최근 들어 의학 분야는 하루가 다르게 발전하고 있다. 연구자로서 20년을 넘기면서부터 학교에서 배운 지식을 곶감 빼먹듯 소모하면서 버티고 있다는 느낌을 떨칠 수 없다. 관련 분야의 발전 속도가 점점 더 빨라지면서 나의 학생 시절에는 없던 생소한 분야와 새로운 기술이 앞다투어 생겨난 까닭이다.

내 전공 분야인 의생명과학과 정보통계학이 학제 간 연구에 따라 상호결합한 분야도 새롭게 출현했는데, 이는 내 전공 분야의 흐름을 바닥부터 흔들어 놓을 게 분명해 보였다. 이러한 흐름에 뒤처지지 않으려면 재교육이 필요하지만, 우리나라 어디에도 그런 필요를 충족시킬 데는 없었다.

의학자에게만 국한된 상황은 아닐 것이다. 분야만 다를 뿐 40대에 접어든 직업인이라면 누구나 처하는 상황일 것이다. 우리 사회에서 전문 고등교육은 대개 20대에서 30대 초중반까지 다니는 정규 교육기관인 대학-대학원을 통해 집중적으로 이루어진다. 전에는 대학이나 대학원을 졸업하고 한번 취직하면 약간의 보수교육만으로도 정년까지 무난히 버틸 수 있었다.

하지만 그런 행복한(?) 시절은 지난 지 이미 오래임을 느낀다. 학생 시절에 최첨단 지식을 아무리 많이 습득했더라도 그 유효기간이 10년을 넘지 못할 정도로 사회는 급변한다. 그래서 현대인은 늘 불안한 가운데 살 수밖에 없고, 특히 40대 이후에 엄습한 불안감은 자기 존재마저 위태롭게 한다.

인연의 시작

나 역시 40대에 접어들자 불안감에 직면했다. 직장에서는 여러 단기 보수 교육과정을 제공했지만, 그런 임시처방으로는 40대의 위기를 넘기기 어렵겠다는 생각이 들었다.

무엇보다 최근 새로 추가된 분야나 기술은 대부분 해당 커리큘럼을 4년제 교육과정으로도 다 습득하기 벅찰 만큼 내용이 풍부하고 완성도가 높다. 그래서 좀 더 난해한 분야의 커리큘럼은 학부만으로는 부족하여 대학원까지 이어져 있다. 이런 정도의 신지식을 몇 달, 심지어 몇 주간의 단기 재교육으로 체득하는 것은 아무래도 불가능하다는 생각이다.

또 하나 재교육에서의 걸림돌은 시공간의 제한을 받는 강의 방식이다. 대부분의 학부-대학원 교육이 일과 시간 중의 수업과 연구에 참여하지 않으면 따라가기 어렵게 되어 있다. 따라서 본인의 학습 의지가 아무리 강한들 그런 방식의 교육은 그림의 떡이다.

40대는 이처럼 새로운 분야와 기술에 포위되어 재교육이 필요한 때이지만, 한편으로는 직업 인생에서 가장 바쁠 때이기도 하다. 이런 환경에 처한 연구자에게 제한된 시공간에서 이루어지는 학부-대학원 과정은 졸업은커녕 수강하는 것 자체가 불가능하다.

나는 이런 문제의 해결책을 궁리하는 중에 운명처럼 방송대를 만났다. 내가 근무하는 직장이 대학로에 있어서 날마다 방송대

본부 건물을 건너다보며 출퇴근을 한다. 어느 날은 대학 건물 벽에 나붙은 '학생 모집 공고' 현수막에 눈길이 갔다. 혹시나 하는 마음에 대학 본부를 찾아가 입학 안내서를 봤는데 내가 원하던 학과가 거기에 있었다. 정보통계학과. 그때껏 연구를 수행해 오면서 내게 가장 취약한 부분이 통계학이었다. 단기 교육만으로는 늘 모자라서 돌아서면 또 제자리인 그 통계.

나는 마흔한 살에 설렘 반, 걱정 반의 마음으로 방송대 정보통계학과 2007학번으로 입학했다.

난관의 연속과 극복

방송대 입학 당시 졸업하기가 어렵다는 것은 익히 들어서 알고 있었다. 학사관리가 엄정하여 졸업 요건을 충족하기가 여간 어렵다는 얘기가 돌았지만 나는 어찌 되겠지, 안이하게 생각했다가 이내 혀를 내둘렀다. 한 학기가 얼마나 빨리 지나가는지 놀랄 지경이었다. 출석수업과 기말시험 날짜는 왜 그리도 빨리 닥치는지.

커리큘럼은 통계학의 기초부터 매우 잘 짜여 있어서 이 과정만 충실히 따라가면 기초는 확실히 다지고 올라갈 수 있겠다는 믿음이 들었지만, 문제는 공부의 양이 만만치 않은 데다가 직장 또는 집안일로 출석수업을 자주 빼먹은 것이다. 거기다가 피로와 게으름이 더해져 필요 학점을 이수하지 못한 채 휴학과 복학을 반복하다가 결국 미등록 제적을 당하고 말았다.

연구자로서 내 약점을 보완하고자 한 거사는 그렇게 실패로 돌아가고 수년간 세월이 흐르는 가운데 내 상황은 점점 악화하여 해당 분야에 대한 체계적 이해를 결핍한 나의 연구 작업은 전체가 좌초할 위기에 놓였다.

2011년 겨울 어느 날 출근길, 방송대 대학원생 모집 공고가 눈에 들어왔다. 학부과정도 제대로 못 따라가 제적당한 주제에 대학원이라니? 잠시 자괴감도 들었지만, 내게 꼭 필요한 전공 과정이 개설되어 있었다. 바이오정보-통계학과. 학부의 정보통계학과에 바이오가 더 붙었다. 이때만 해도 나는 방송대에서 바이오정보학을 체계적으로 공부할 바탕이 준비되어 있지 않았지만, 이 분야야말로 내가 도달해야 하는 종착점이었다. 마치 나를 위해 개설된 학과처럼 여겨져 신입생 모집에 지원했다. 다행히 합격하여, 바이오정보-통계학과 석사과정 1기생(2012학번)이 되었다.

대학원의 바이오정보-통계학과는 학부의 정보통계학과 교수님들이 주축이 되어 만든 전공 분야로, 담당 교수님들의 열정 덕분인지 커리큘럼이 처음 설치된 과정이라고 믿기 어려울 정도로 잘 짜여 있었다. 그래서 내가 원하는 학습 목표를 충분히 이룰 수 있겠다는 확신이 들었지만, 통계학 학부과정을 제대로 공부하지 못한 탓에 이해가 어려워 드물잖게 걸려 넘어지는 일이 생겼다. 어차피 해야 할 기초 공부라면 학부과정을 이참에 함께 마무리하는 편이 낫겠다는 생각이 들었다. 다행히 학부과정 복학이 받아들여져 대학원과 동시에 수료하는 것도 가능하게 되었다.

하나도 해내기가 벅찬 마당에 학부와 대학원 공부를 병행하는 것은 생각만큼 쉽지 않으리라 여기고, 그간의 실패를 거울삼아 의지를 다졌다. 동기가 구체화하고 전보다 더욱 절실해서인지 공부에 재미가 붙고 요령이 생겨 전보다 덜 힘들었다. 그 덕분에 2015년 8월에는 정보통계학과 학사와 바이오정보-통계학과 석사를 함께 받고 공부를 무사히 마쳤다.

이때 내가 석사학위 논문으로 제출한 「미토콘드리아 DNA D-loop 유전정보 서열에 대한 계층적 군집화 분석에 의한 동아시아 소의 계통 연구」는 (연구하고 교육하고 논문을 써내는 것이 직업인 나로서도) 지금껏 가장 소중하게 느껴지는 업적 중의 하나다. 지도를 맡아준 김성수 교수님이 아니었다면 해내기 어려운 일이었다.

졸업 후의 변화

방송대 학부와 대학원 석사과정을 마친 후 내 삶에 생긴 변화는 기대 이상이었다. 직무상 절실하게 필요한 공부라서 더욱 그런지도 모르겠지만 방송대 공부는 내가 위기의 40대를 무사히 건너는 징검돌이 되어 주었다. 앞에서도 말했지만, 급변하는 직업 환경에서 단기 교육으로는 메울 수 없는 직무수행능력의 격차를 방송대의 체계적인 커리큘럼이 거의 완벽하게 메워준 것이다. 물론 이 재교육으로 내가 전공 분야의 선두주자가 되었다고 말하기는 어렵지만, 최소한 절감하던 기술적 난관을 거의 해소하면서 연구자로서 풀이 꺾이던 경쟁력을 회복한 것은 분명하다.

다음 그림은 내 연구실에서 써낸 논문의 인용빈도를 표시한 도표다.

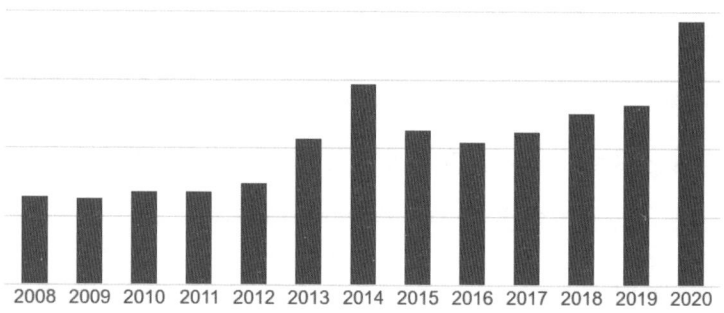

방송대 교육을 계기로 경쟁력을 회복하는 모습이다. 2014년 이후 내리막으로 꺾이던 그래프가 2015년 방송대 학사, 석사를 동시에 마치고 경쟁력을 회복한 2016년 이후로 다시 오르막을 타는 모습을 확인할 수 있다. 이러한 경쟁력의 회복은 연구실에서 생산하는 연구 결과가 최신 경향을 잘 따라가서 나타나는 현상이다. 방송대에서 공부한 통계학과 바이오정보학을 연구에 적극적으로 활용한 덕분이다. 방송대가 내 연구 인생의 변곡점을 그려준 셈이다. 나의 40대, 직업 인생의 가장 큰 위기에서 방송대 입학은 내게 행운을 안긴 가장 중요한 결정이 되었다.

방송대의 사명

방송대의 잘 짜인 커리큘럼으로 공부하고 졸업해서 보니, 나처럼 중년의 나이에 꼭 필요한 직무상의 새로운 정보와 기술을 습득한다는 점에서 방송대의 사회적 가치는 이루 말할 수 없다.

아마도 방송대는 대학교육을 희망했지만 여러 사정 때문에 이루지 못하고 미뤄둔 사람들을 위한 사회적 배려로 출범했을 것이다.

실제로 방송대가 제공하는 기회를 통해 얼마나 많은 사람이 고등교육 혜택을 받게 되었는지는 단순히 졸업생 숫자만으로는 헤아리기 어렵다. 지금은 코로나 여파로 방송대 학우들끼리 면대할 기회가 크게 줄었지만, 그전에는 출석수업을 하거나 기말시험을 보기 위해 지역대학에 가보면 젊은이부터 연로한 어르신들까지 강의실을 가득 메우고 시험 시작 전에 한 글자라도 더 보기 위해 애썼다. 나는 그런 모습에 공부하는 사람으로서 자극을 받곤 했다.

방송대의 기말고사 시험장에서 백발이 성성한 노인분들이 묵묵히 시험을 준비하는 감동적인 모습을 본 사람이라면, 지난 세기를 뜨겁게 달군 우리의 교육열이 앞으로도 쉽게 식지 않는 성장 엔진으로 기능할 것이며, 앞으로도 오랫동안 그 중심에 방송대가 우뚝할 것임을 부정할 수 없을 것이다.

하지만 방송대에 부여된 이런 전통적 역할 외에도 급변하는 사회환경과 새로운 시대의 요청에 따른 사명과 역할을 고민해야 할 때가 아닌가 싶다. 고등교육 기회를 널리 부여하는 데 최우선의 목표를 두어온 방송대가 이제는 수준 높은 사회 재교육에도 관심을 돌려야 할 때다. 오늘날 직업 환경을 돌아보면 나와 같은 이유로 직무 관련 재교육이 필요한 사람이 나날이 늘어나고 있다. 자연히 방송대가 제공하는 교육에 대한 수요가 늘어나게 된 것이다. 게다가 평균 수명이 크게 늘면서 인생 2모작을 넘어 3모작까지 가는 마당에 방송대 교육은 더욱 중요하게 되었다.

향후 한국의 미래는 중년으로 접어들어 경쟁력이 저하된 사람들을 어떻게 효과적으로 재교육하느냐에 달려 있다고 본다. 같은 맥락에서 개인의 노년 행복도 어떻게 직업 인생을 단절 없이 이어가느냐에 달려 있지 않을까 싶다. 그렇다면 앞으로 방송대에서 수행하는 교육의 목표와 대상을 굳이 순수 학부 교육에만 국한

할 필요는 없다. 오히려 지금보다 사회적 재교육 문제에 더 집중할 때다. 그러므로 더욱 과감한 지원과 투자가 필요하다는 생각이다.

신동훈 | 현재 서울대 의과대학 해부학교실 교수로 재직하고 있다. 서울대 의과대학과 서울대 대학원(의학박사)을 졸업하고, 방송대 정보통계학과와 중어중문학과(학사), 방송대 대학원 바이오-통계학과(석사)를 졸업했다.

우리나라 공무원 중에는 하위직뿐 아니라 고위직에도 방송대 출신이 많다. 그런데 모교에 대한 자부심이 약해서인지 방송대 출신임을 드러내지 않으려는 경향이 있다. 그런 편견에서 벗어나 긍지를 갖고 당당한 방송대인으로 살았으면 좋겠다. 방송대는 배움에 목마른, 배움이 필요한 누구에게나 오아시스 같은 존재요, 꿈을 이뤄주는 희망의 사다리다.

오늘의 나를 있게 한 힘의 원천

이금형 _ 1990 법학과 졸업, 서원대 객원교수

내가 중학교 2학년 때, 사업하던 아버지가 부도를 맞고 암까지 걸리는 바람에 집안이 갑자기 어려워졌다. 어머니의 헌신으로 고등학교나마 졸업하고 순경 시험을 봐서 경찰관이 되었다. 어렵게 경위까지 진급하여 간부가 되었지만, 경찰 간부의 주축을 이루는 경찰대학과 명문대학 출신들의 기세에 눌려 주눅이 들 수밖에 없었다. 야간대학에 가서 공부하고 싶었지만 어린 자식들 셋을 시어머니가 키워주는 여건에서 엄두가 나지 않았다.

그러던 차에 방송대를 알게 되었다. 대개는 녹음강의 카세트테이프로 집에서 공부하고, 출석수업도 개인 사정에 따라 유연하게 대처할 수 있어서 나만 열심히 하면 졸업할 수 있겠다는 희망이 생겼다.

방송대에 입학하던 날, 입학은 쉬워도 졸업은 어렵다는 주위의 걱정에 나도 덩달아 걱정되었지만 '고졸 순경'을 벗어날 기회를 준 방송대에 고마워하면서 졸업하고 말겠다는 의지를 다졌다.

하루를 27시간으로 늘린 녹음기 공부법

지금은 PC, TV, 휴대폰 등 다양한 매체를 통해 공부할 수 있고, 코로나로 집단출석이 어려워 방송대 수업방식처럼 화상으로 원격수업을 하고, 각종 세미나 회의도 화상으로 하는 것이 보편화하는 것을 보면서 방송대가 시대를 앞서는 선도 대학임을 새삼 느꼈다.

나는 1990년에 법학과에 입학하여 6년 만에 졸업했다. 주로 녹음강의 카세트테이프로 공부하던 때였다. 낮에는 업무에 쫓기느라, 밤이나 휴일에는 어린아이 셋을 돌보느라 온전히 공부할 시간이 없었다. 방송대에 다니지 않을 때도 일과 육아로 늘 피곤했는데, 방송대 공부를 시작하면서부터는 잠이 모자라 눈까지 충혈된 채로 살았다. 아이들 감기로 병원에 가면, 충혈된 내 눈을 보고는 간염 검사를 받아보라고까지 했다. 이렇게까지 해야 하나 싶어 여러 번 그만둘까 생각도 했지만 2학년을 마치고 나니 그간 힘들게 공부한 게 아까워서라도 반드시 졸업하리라 다짐했다.

그러면서 내 환경에 맞는 맞춤형 공부법을 찾게 되었다. 늘 피곤하고 잠이 모자라 책상에 앉기만 하면 어느새 졸고 있는 나를 위한 공부법이었다. 녹음기를 지니고 다니면서 짬짬이 무조건 10번씩 반복해서 듣는 것이다. 법학과 이철주 교수님이 가르쳐준 방법이다. 자투리 시간 이용하여 강의 테이프 반복해서 듣기다.

아침에 잠자리에서 일어날 때도 일단 녹음기를 켜고 10~20분쯤 누워 강의를 들으며 잠을 쫓아냈다. 설거지할 때, 머리 감고 화장할 때도 녹음기를 크게 틀어놓고 들었다. 출·퇴근하는 전철에서는 이어폰을 꽂고 들었는데, 듣다가 잠이 들어 두세 정거장을 지나친 적도 숱했다. 그러다 보니 이명증이 오기도 했지만 포기하지 않고 끝까지 해냈다. 커피로 졸음을 쫓으며 밤늦게까지 공부하다가 잠든 바람에 커피를 쏟아 책을 적신 일도, 무리하여 코피를 쏟은 일도 숱했다.

이렇게 하루에 자투리 시간 3~4시간을 녹음기를 이용해 공부하면서 하루 24시간이 27시간이 되었고, 그 덕분에 장학금까지 받으며 공부할 수 있었다. 나로서는 6년 만에 졸업한 것도 기적이었다.

만학도 엄마의 공부법을 따라한 결과

방송대 공부는 경찰 간부 업무수행에 필요해서 시작한 것이니 나 자신을 위해서 시작한 학업이었다. 주경야독이라지만 나의 '야독'은 정말이지 지독했다. 집안 살림을 하고 출근 준비를 하는 중에도 강의 테이프는 돌고 돌았고, 화장실 벽에는 학습 메모가 겹겹으로 빼곡했다. 이처럼 치열하게 노력하는 엄마의 모습이 어느새 아이들에게 좋은 거울이 된 모양이다.

방송대는 녹음강의 카세트테이프로 공부하는 대신 여름·겨울 일주일씩 출석수업을 해야 해서 여름휴가 기간과 휴무를 모아 출석할 수밖에 없었다. 이제 초등학생인 아이들은 부모와 휴가도 가고 한창 놀러 다니고 싶은 나이인데, 엄마가 방송대 다닌 6년간 그렇게 해주지 못해 미안했다. 아이들이 친구 누구는 어디 놀러 갔다 왔대 하는 얘기를 들으면 가슴이 아팠지만, 중도에 포기할 수는 없었다. 그래도 큰아이가 나중에 어릴 적 엄마에 대한 기억은 늘 공부하는 모습이었다고 말해주었을 때는 미안한 중에도 위안이 되었다.

그래서인지 아이들은 셋 다 과외 없이도 공부를 잘했다. 공부하면서 잘 안 외워지고, 시간이 없거나, 어려운 과목들은 엄마가 하던 방송대 녹음강의 카세트테이프 공부법을 따라 하면서 극복했다. 아이들이 우리 집만의 녹음기 공부법이라며, 무슨 특별한 비법이라도 되는 양 비밀스레 하는 걸 보고는 웃음이 나왔다.

그런 특별한 비법으로 아이들은 다 건강하게 잘 자라 저마다의 장래 희망을 현실에서 펼치고 있으니, 부모로서는 그보다 더 뿌듯한 일이 있겠는가.

큰애는 행정고시를 통해 공무원으로 일하고 있는데, 업무수행에 법이 필요하다며 법도 공부하고 엄마 후배가 되겠다고 방송대 법학과 3학년에 편입했다. 방송대는 공부에 소홀했다가는 수업도 어렵고 졸업도 어렵다고 선배로서 두어 번 겁을 줬다. 큰애는 업무로 바쁜 중에도 정말 공부도 열심히 하고 출석수업도 충실하게 다니더니 드디어 졸업했다며 자랑했다. 나는 모전여전이라며 웃었다.

작은애는 자기 꿈대로 과학자가 되었다. 카이스트에서 생명공학 박사학위를 받고 서울대와 하버드대에서 박사 후 연구원을 마치고는 미국 U.C.얼바인 의대에서 생명공학 교수로 재직하고 있다. 일전엔 세미나 참석차 한국에 다녀갔는데, 영문 발표자료를 모두 녹음해서 집안에서 듣고 다니는 거였다. 지금도 엄마의 녹음 비법을 써먹느냐고 했더니 활짝 웃었다. "그럼요. 엄마한테 배운 방법으로 미국에서도 세미나 발표 등을 수시로 녹음해서 자투리 시간에 여러 번 들으면 어려운 영어도 모두 외워져서 정리도 쉽고, 발표에 부담감도 전혀 없어요."

막내는 치의학 전문대학원을 나와 치과교정의로 일하고 있다. 영어로 된 치의학 용어는 길고 어려운데, 막내는 그걸 다 녹음해서 만날 듣고 다니더니 그 덕을 톡톡히 봤다고 자랑했다. 재학 내내 장학금을 받고 수석 졸업까지 했으니 그럴 만도 했다.

내가 방송대를 기어이 졸업하려고 궁여지책으로 써먹은 녹음기 공부법이 세 딸의 앞길을 틔우고, 작은애를 통해 미국까지 가서 국위를 선양하게 될 줄은 몰랐다.

긍정하는 마음에서 나오는 극복의 의지

고졸 여자 순경이 엘리트 교육을 받은 남자들의 독무대인 경찰 조직에서 살아남아 위에서 두 번째 계급인 치안정감을 달고 부산

경찰청장까지 오른 것은, 우리 현실의 상식으로는 상상하기도 어려운 일이다. 무엇이 이런 기적 같은 일을 가능하게 했을까?

방송대 재학 6년간 계속된 주경야독의 힘이다. 이때 길러진 끈기가 어떤 어려움에도 포기하지 않고 나아가는 힘을 주었다. 고

졸의 설움을 딛고 당당한 학사 출신이라는 자부심으로 나를 일으켜 세운 데가 방송대다. 그런 자부심이 있어서, 앞서 출발한 남자 간부들과 겨뤄서 조금도 꿀리지 않았다.

나는 애초에 높은 자리 따윈 욕심내지도 않았다. 그저 '여자'라서 못한다는 말만은 듣고 싶지 않았다. 그래서 다른 간부보다 일찍 출근하고 늦게 퇴근하며, 주경야독으로 습관화된 근면 성실로 하루하루 최선을 다했다. 어려운 환경에서 방송대의 도움으로 학사학위를 받고 석사·박사가 되고 승진도 하고 권한이 생기면서 어려운 시절을 잊지 않고 약자의 편에 선 치안 행정을 하고자 노력했다.

치안의 사각지대에 있던 성폭력·가정폭력·학교폭력·실종아동·성매매 등 피해자들이 겪고 있는 고통에 귀 기울이며 여성·아동·청소년을 위한 숱한 경찰제도들을 신설해서 계 단위 부서가 국으로 승격하고 사회적 약자 보호 치안 시스템을 갖추게 되었다.

새로운 치안시책 추진에 부정적인 직원들이 많고, 열심히 하지 않으려는 분위기가 있을 때 직원들에게 방송대 학생 시절 키운 긍정의 마음을 불어넣었다.

희망의 사다리가 되어준 국민의 대학

내가 방송대를 만나지 못했다면 경찰로 성장하지도 못했을 것이고, 더구나 고위직에도 오르지 못했을 것이다.

아이들도 지금처럼 순탄하지 못하고, 장래 희망을 이루는 데 큰 어려움을 겪었을 것이다. 그만큼 내게 방송대는 고마운 존재이고, 자부심이자 긍지다.

우리나라 공무원 중에는 하위직뿐 아니라 고위직에도 방송대 출신이 많다. 그런데 모교에 대한 자부심이 약해서인지 방송대 출신임을 드러내지 않으려는 경향이 있다. 그런 편견에서 벗어나 긍지를 갖고 당당한 방송대인으로 살았으면 좋겠다. 방송대는 배움에 목마른, 배움이 필요한 누구에게나 오아시스 같은 존재요, 꿈을 이뤄주는 희망의 사다리다.

> **이금형** | 서원대학교 객원교수로 재직하고 있다. 대성여상을 졸업하고 순경으로 경찰에 입문했다. 방송대 법학과를 졸업하고 동국대 대학원에서 경찰행정 전공으로 석사와 박사 학위를 받았다. 2003년, 경찰 입문 26년 만에 경찰서장(총경)에 올랐다. 경찰청 국장을 거쳐 경찰대학장을 지내고, 2011년 광주경찰청장, 2014년 부산경찰청장을 끝으로 38년간의 공직 생활을 마쳤다. 퇴임하면서 홍조근정훈장을 받았다.

나는 어려서부터 책 읽기를 좋아했다. 중학생 때까지는 읽고 싶은 책을 마음껏 골라 읽었지만, 고등학생 때는 대학입시의 틀, 공시생 때는 시험과목의 틀에 맞추어 보는 수험서가 읽은 책의 다였으니 독서랄 것도 없었다. 그러나 방송대에 들어가서는 내가 하고 싶은 공부를 선택할 수 있었고, 그것은 공직생활에서 든든한 배경이 되었다.

평생학습의 동반자

이진석 _ 1994 법학과 졸업, 한국교직원공제회 상임이사

공직에 입문하면서 내심 아무리 바빠도 공부는 계속해야겠다고 다짐했다. 창조적 사고와 혁신적 아이디어는 탄탄한 이론적 토대에서 나온다. 공직자가 무슨 업무를 맡게 되면 그와 관련된 바탕 지식 없이는 그 업무를 주도적으로 수행하기 어렵다는 얘기다. 가령, 인사업무를 담당하려면 사전에 그와 관련된 대표적인 서적 두어 권쯤은 읽어보아야 한다. 30년 공직생활 내내 지켜온 이런 실천은 업무에 큰 도움이 되었을뿐더러 학문적 역량을 키워주었다. 이런 실천이 자연스럽게 나와 방송대를 맺어주었다.

돌아보는 길

책 읽기를 무척 좋아하는 소년이 있었다. 초등학교 때는 학교 도서관의 대출업무를 보조하면서 마음대로 책을 볼 수 있는 특권을 누렸다. 그 시절에는 다들 주로 위인전을 읽었다. 이순신, 세종대왕, 을지문덕 같은 우리나라 위인들은 물론이고 링컨, 칭기즈칸, 처칠 같은 다른 나라 위인들 이야기, 그리고 『플루타르크 영웅전』 같은 이야기가 인기를 끌었다. 그런 위인들의 이야기는 자라나는 꿈나무들에게 재미와 함께 유익한 교훈을 주었지만, 당시 초등학생들이 장래 희망으로 대통령 아니면 장군만 꼽게 만드는 부작용을 낳기도 했다.

중학교 때는 독서경진대회 대표 학생으로 선발되어 거의 한 달이나 학교 도서관에서 매일 독서만 해야 했다. 고전이라서 경진대회 목록에 포함된 단테의 『신곡』 같은 책들은 도무지 이해할 수 없었는데, 오로지 경진대회를 위해 요점만 외우는 식의 벼락치기 독서를 했다. 중학생이 음미할 수준의 책이 아니었다. 결국, 자신의 관심과 흥미에 따른 자발적인 독서가 나를 행복하게 하는 진정한 독서임을 알게 해준 시간이었다.

나는 현재 한국교직원공제회 회원 담당 상임이사로 인생 3모작 중이다. 20대 중반에는 영어교사로 2년쯤 근무했다. 젊을 때라 교사로서의 소명의식보다는 열정으로 임한 첫 번째 직장이었다. 청춘의 열정은 안정적인 교직에 안주하기보다는 더 도전적이고 역동적인 인생을 살고 싶어 했다. 스물일곱에 교직을 사직하고 봇짐을 싸서 서울로 올라왔다.

그 후 3년 동안 나 자신과 싸움이 벌어졌다. 운 좋게도 1989년 공무원 시험에 합격하여 30년간의 공직생활이 시작되었다. 지금 돌아보면 사범대, 학교, 교육부, 한국교직원공제회 등 모두 교육이라는 큰 틀 안에서 인생 3모작을 보내는 행복한 인생이다. 2020년 3월, 30년간의 공직생활을 교육부 교원소청심사위원회 위원장으로 마무리했다.

배움에의 갈망이 나를 방송대로

1989년 공무원 시험에 합격하고 1년간의 시보를 거쳐 1991년 5월에 지방 교육청 기획계장으로 공직생활을 시작했다. 교육청 계장 보직은 중간관리자의 역할이 커서 계원들이 작성한 문서나 기획서를 일차적으로 검토하는 것이 주요 업무였다. 행정은 주로 법령을 집행하는 것이어서 해당 법령이나 조례·규칙 등을 적절히 인용·적용하고 해석하는 것이 중요했다.

나는 대학에서 영어교육을 전공했는데, 경찰공무원이던 아버지는 내가 안정적인 직업을 갖기를 원했다. 그런 아버지의 바람이 진로를 결정하는 데 중요한 기준이 되었다. 그렇게 국립 사범

교육부 산하 기관장들과 함께(왼쪽 첫 번째가 필자, 2019년 가을)

대를 나온 나는 2년 남짓 영어교사로 근무하다가 공무원 임용시험에 합격했지만, 법학이나 행정학을 체계적으로 공부한 적이 없었다. 이런 나의 갈망이 공부에 대한 의욕을 불러일으켰다.

야간대학에 편입하는 방법이 있었지만, 퇴근 이후 시간이라고 해서 다 내 마음대로 할 수 있는 게 아니라서 학업을 잇기에는 방송대가 가장 맞춤했다. 나는 4년제 전환 첫해인 1992년 3월 학기에 법학과 3학년에 편입했다. 입학 전에 지역학습관에서 오리엔테이션을 하고 교재와 녹음강의 카세트테이프를 배부받았을 때의 감격은 이루 말할 수 없었다. 대학 졸업 후 8년 만에 새로운 공부를 하는 길에 들어섰으니 왜 아니 그렇겠는가.

방송대 공부가 시작되었다. 퇴근하여 강의 테이프로 학습 진도를 맞춰나갔고, 여름과 겨울의 방학 때에는 휴가를 얻어 지역학습관에 출석하여 교수님들의 강의를 듣고 시험을 치렀다. 하고 싶던 법학 공부라서 의욕이 넘쳤고, 법철학 과목은 법에 관한 기본적 이해의 틀을 잡는 데 큰 도움이 되었다. 특히 공무원 시험준비를 했던 과목들인 헌법, 행정학, 민법 등은 시험을 위한 공부가 아니라 전체 틀 속에서 학문으로 음미하는 계기가 되었다. 또 새로 접하는 형법 과목들은 죄형법정주의 측면에서 형법 조문 하나하나가 흥미로웠다.

현직과 공부를 겸하는 주경야독이 쉬운 일은 아니어서 나는 1년을 더해 3년 만에 학사과정을 이수했다. 1994년, 마침내 졸업하여 법학사 학위를 취득했다. 3년간의 방송대 법학 공부는 그 후로 공직생활을 하는 데 커다란 무형의 자산이 되었다.

당시만 해도 대학 진학률은 30% 정도여서, 고등학교 때 성적이 우수한 학생들은 대부분 대학에 진학하거나 공무원 시험을 치렀다. 지방 교육청 재직 시절에 보면 교육청 내 직원들 대부분은 고졸 출신들이었다. 물론 드물게 일부는 야간대학이나 대학원에 재학하거나 그 과정을 이수했다.

직업인이 배움을 계속하기 가장 어려운 이유는 시간 여유가 없다는 것이다. 방송대에 재학 중이던 나는 계속교육을 희망하는 직원들을 위해 방송대 안내서뿐 아니라 입학지원서도 가져다주었다. 그렇게 해서 나와 방송대 동문이 된 직원이 여럿이었다.

계속되는 방송대와의 인연

현직에 근무하면서 대학에서 배운 영어 외에도 외국어 하나쯤은 더 할 수 있어야 한다는 생각으로 일본어를 공부했다. 일본어는 다른 외국어보다 독학으로 배우기가 비교적 쉽다는 이유도 작용했다. 나는 방송대 일본어과 초급용 교재를 사용했는데, 독학하기 쉽게 구성되어 큰 도움이 되었다.

방송대 법학과를 졸업한 이듬해인 1995년, 나는 공무원을 대상으로 한 해외 유학 선발 시험에 합격했다. 1996년 9월, 나는 일본 나고야대학 대학원에 들어가 비교국제교육학 전공으로 2년 6개월간 공부했다. 1999년 3월에 공부를 마치고 귀국한 직후 교육부 본부로 발령이 나면서 가족이 모두 서울로 이사했다.

2000년 11월 서기관 승진에 이어 2002년 6월에는 지방 국립대로 발령이 났다. 처음으로 가족과 떨어져 단신 부임했다. 당시만 해도 저녁 문화를 즐기는 것이 유행해서 나도 매일같이 그 시간을 즐기며 빠져들었다. 그런 생활이 서너 달 계속되면서 나는 어느 순간 문득 이렇게 하루하루 무의미하게 살아도 되나 하는 회의감이 들었다. 성찰의 시간이 온 것이다.

정신을 차린 나는 행정학을 체계적으로 공부해봐야겠다는 생각으로 관련 책을 마련했지만, 목표의식이 희미해서 추진력이 미약했다. 그때 마침 방송대의 독학사 학위 취득제도를 보고는 목표의식을 분명히 할 수 있었다. 응시원서를 제출하고 목표가 구체적으로 서자 저녁 문화의 유혹을 뿌리칠 수 있게 되었다. 혹 참석하더라도 식사만 간단히 끝내고 숙소로 돌아와 책을 폈다. 시험 응시표를 늘 몸에 지니고 다니면서 12월에 있을 독학사 시험에 항상 대비하고 긴장할 수 있도록 나 자신을 스스로 채찍질했다. 2003년, 그렇게 독학으로 행정학사 학위를 취득했다.

시간 핑계를 대자면 퇴직할 때까지 영영 할 수 없는 일을 나는 하나씩 성취해 나갔다. 나는 후배 직원들에게 공직생활을 하면서도 항상 자신의 평생교육에 깨어있어야 한다고 권하면서 그 가장 좋은 방편으로 방송대를 소개해왔다. 나는 지금도 종종 출신 대학 질문을 받으면 방송대와 나의 인연을 자랑스럽게 말한다.

가고 싶은 길

나는 어려서부터 책 읽기를 좋아했다. 중학생 때까지는 읽고 싶은 책을 마음껏 골라 읽었지만, 고등학생 때는 대학입시의 틀, 공시생 때는 시험과목의 틀에 맞추어 보는 수험서가 읽은 책의 다였으니 독서랄 것도 없었다. 그러나 방송대에 들어가서는 내가 하고 싶은 공부를 선택할 수 있었고, 그것은 공직생활에서 든든한 배경이 되었다. 지금도 다양한 분야에 관심을 가지고 배움을

교원소청심사위원회 위원장 시절, 직원들과 함께(앞 줄 가운데가 필자, 2020년 봄)

꿈꾸고 있는 나에겐 방송대처럼 다양한 방면으로 학위취득이 가능한 대학이 있다니 다행이다.

"나이 먹을수록 뇌의 건강을 유지하기 위해서는 규칙적으로 매일 100문장을 쓰고, 1,000문장을 읽어야 한다."

한때 공직생활을 함께한 상사가 사석에서 한 얘기다. 나도 많은 독서를 하고 글도 쓰고 싶다. 그래서 곧 방송대 국어국문학과에 진학하여 그런 능력을 키우는 공부를 해볼 작정이다. 기회가 되면 방송대에서 공모하는 문학상에도 응모하고 싶다. 그런 다음에는 또 여건이 되면 방송대 중어중문학과에 진학하여 『삼국지』 『초한지』 『사기』 등에 나오는 인물들과 그 인물들이 활약했던 장소를 직접 보고 느끼고 싶다.

앞으로 현직을 마무리하고 자연인이 되었을 때, 내 평생학습의 전초기지가 되어준 방송대에 다시 발을 들여놓을 생각을 하니, 벌써 뿌듯해지고 새로운 인생 4모작의 기대감으로 설렌다.

이진석 | 현재 한국교직원공제회 상임이사로 재직하고 있다. 전남대 영어교육학과, 방송대 법학과 및 독학사(행정학), 일본 나고야대학 대학원 석사과정(비교국제교육학)을 졸업하고, 숭실대 대학원 박사과정(평생교육학)을 수료했다. 1989년 행정고시로 공직에 입문하여 교육과학기술부 인사과장, 교육부 고등교육정책실장, 경기도교육청 부교육감, 교원소청심사위원회 위원장 등을 지냈다.

평생학습人 에세이 1 『평생공부로 일궈낸 행복』

03

고귀한

꿈의 　 도전

나는 내 삶에서 두 가지 기둥을 세우고 살아오고 있다. 하나는 진리라는 기둥이고 다른 하나는 진실이라는 기둥이다. 진리는 배움에서 찾으려 하고 진실은 문학에서 찾으려 한다. 방송대는 이 두 가지 기둥을 튼튼하게 해준 반석이다. 방송대는 내 삶의 30대 초반에 잃을 뻔했던 배움의 길을 다시 찾게 해주었다. 배움이 무엇인지 새삼 깨닫게 해준 거울이다.

아름다운 시간표

이창건_1989 국어국문학과 졸업, 아동문학가

나는 2월이면 고향 강에 간다.

거기서 마음의 묵은 때를 씻는다. 몸에 붙은 티끌을 턴다. 그리고 겨울의 끝자락에서 불어오는 알싸한 강바람을 마시면서 나를 새롭게 한다. 나는 흐르는 강에게 스스로 묻는다. 나는 정직한가, 나는 진실한가, 나는 순결한가! 그리곤 눈을 감는다. 이런 고향의 강에서 제일 먼저 나를 반기는 건 버들강아지다.

꼬리가 짧은
2월의 버들강아지들이
연기가 나는 강 언덕을 바라보며
멍멍멍
짖고 있습니다

누가 오는가 봅니다

― 「봄 소식」 전문

유년의 강 그리고 동시

내 고향은 경기도 가평 북면 명지산 계곡 오목골이다. 태어난 곳은 아니지만 내가 자란 곳이기에 지금까지 마음이 떠나지 않는 땅이다. 그래서 나는 그곳을 나의 고향이라 부른다. 오목골에는 초등학교 2학년 때까지 내 유년의 강이 흘렀다.

그곳에서 나는 동네 개구쟁이들과 함께 여름에는 멱을 감고 겨울에는 썰매를 만들어 즐겨 놀았다. 봄에는 동네 누나들과 냉이와 달래를 캐고 찔레 순을 꺾어 먹으며 놀았다. 혼자 심심할 때는 뒷산에 올라 하얀 찔레꽃을 따다가 외할머님께 드리기도 했다. 비가 내리는 일요일 날 가을에는 만수와 창수, 희옥이랑 아침부터 붉은 알밤을 줍기도 했다. 내 동시 대부분의 체험은 이 유년의 강에서 기원한다.

내가 동시를 쓰게 된 것은 내 삶의 큰 행운이었다. 동시는 내 삶을 완전히 바꾸어 놓았다. 내 삶의 목표와 목적이 문학일 수 있게 했다. 동시는 내 삶이 심란하고 어려울 때 나의 영혼을 위로하고 평화가 되어 주었다. 나의 삶을 더 푸르고 아름답게 가꾸어 주었다. 동시가 있어 행복하고 동시에 감사하다.

문학 작품 중에서 동시는 잘 올려지지 않는다. 그렇지만 나는 시 가운데 가장 좋은 시는 동시라고 믿는다. 시의 뿌리가 동심에 닿아 있기 때문이다. 그래서 동시에는 천진난만한 순수가 있고 진실이 있고 순진무구한 신비가 있다. 단순 명쾌한 쾌감이 있다. 이런 까닭으로 동시에는 나쁜 생각이 끼어들 틈이 없다. 동시는 사무사(思無邪) 그 자체다.

봄 하늘 구름은
빨리
봄비가 되고 싶다

땅속
촉촉이 젖어들고 싶다

바위틈
촉촉이 스며들고 싶다

흙속
여기저기 묻힌
바윗돌 이 틈 저 틈 끼인
지금 막 눈뜰
이름 모르는
풀씨를 위해

_「풀씨를 위해」 전문

동시, 인간의 원형을 캐는 문학

　내가 동시를 쓰는 것은 작고 쓸쓸한 것들, 슬퍼 가슴속에 눈물 괴는 것들 한 번 더 바라보아 주는 것이다. 눈길 한 번 더 주는 것이다. 동시는 아픈 어린이들의 마음과 영혼을 도닥거려줘야 한다. 슬프고 쓸쓸한 어린이들에게 평화가 되어야 한다. 신에게 사랑이 없으면 설 자리를 잃듯이 동시도 사랑이 없으면 설 자리를 잃는다. 동시는 사랑의 문학이다. 그래서 나는 동시가 이 세상의 어린이와 어른을 위로하고 구원하리라고 믿는다.

동시는 동심에 바탕에 시심을 얹어 빚어낸다. 좋은 동시는 동심과 시심이 적당한 거리에서 서로 부르며 대답할 때 나온다. 동시는 어른에겐 어려운 시다. 결코 쉬운 시가 아니다. 동심 없이는 쓸 수 없는 시다. 동시는 동심의 본질을 찾고 인간의 원형을 캐는 문학이다.

하느님이
세상을 만들고
손에 씨앗을 들고 다니셨다

어디다 뿌릴까
어떤 씨는 바다에 뿌려
바다풀이 되고

어떤 씨는 땅에 뿌려
꽃이 되고 나무가 되고
하늘에 뿌린 씨는
별이 되었지

나도 하느님 손에 든
작은 씨앗인데

지금 여기인가
_「씨앗」 전문

배우는 기쁨과 나의 문학

　삶에는 시기 시기마다 완수해야 할 중요한 것들이 있다. 자아를 실현하는 일도 그 가운데 하나다. 그 목적을 이루기 위해 종교 생활을 하기도 하고 건강한 신체를 위해 운동을 하기도 하고 지식을 쌓기도 한다. 나는 공부가 하고 싶었다. 배움이 나의 가장 절실한 소망이었다.

　1968년, 가정 형편이 어려워 대학 진학을 포기하려고 했다. 그해 처음으로 대학입학 예비고사가 있었다. 대학을 가려면 그 시험에 합격해야 했다. 대학 정원의 1.5배를 뽑았다. 대학에 가려는 학생들은 예비고사 점수로 희망 대학에 지원하고 본고사를 치러 선발했다.

　어느 날, 영어를 가르치던 유길수 선생님이 나를 불러 대학은 못 가더라도 예비고사 시험은 한번 치러보라고 했다. 아마 나 말고도 두서너 친구한테도 그렇게 권유한 것 같았다. 나는 예비고사에 들었음에도 대학 진학의 꿈을 접고 말았다. 그런데 1969년 2월 말쯤이었다. 형님은 내게 춘천교육대학 전형이 아직 안 끝났으니 원서를 내보라고 했다.

　1971년 춘천교육대학을 졸업하고도 4년제 대학에 편입하고 싶었다. 다른 친구들도 다투어 대학에 편입한다는 소식들이 이어졌다. 그 무렵 한국방송통신대학이 세워졌다. 그 후 5년제 학사 과정이 생겨 1985년 국문학과에 편입했다. 정말 기뻤다. 공자가 말하는 배움의 기쁨이었다. 나는 목적 없이 살고 싶지는 않았다. 내가 어디까지 뻗어가는지 나 자신을 시험하고 싶었다.

　내가 국문학과에 들어간 것은 문학에 대한 열정 때문이기도 했다. 교육대학에서 공부할 때 가장 열심히 들은 과정이 이승훈 교수의 시론(詩論)이었다. 그분은 꼭 파이프를 문 채로 강의실에 들어왔다. 그리고 한 손에는 영자지(英字紙)를 들고 와서 담배를 피우면서 그날의 외국 소식을 안내해주곤 했다. 그리고 시 한 편을 읽으면서 시론을 가르쳐주었다. 머리에 쏙쏙 들어오는 명강의였다. 나는 그분의 영향으로 시에 빠져들었다. 선생님보다는 시인이 되고 싶었다. 그 무렵 시인이나 작가로 등단한 교우들도 있었다. 최돈선이 시인으로, 이외수가 소설가로 문단에 이름을 올렸다. 나도 그들처럼 문학의 꿈을 이뤄 방송대에 편입하기 전, 1981년 《한국아동문학》에 동시 「어머니」로 김종상 선생님의 추천을 받아 아동문학가로 등단해 있었다.

고통을 이기는 힘

나는 부족함이 많은 사람이다. 지혜도 그렇고 인내도 그러하고 의지도 그러하다. 그래서 나는 하느님 앞에 한없이 나약한 존재임을 늘 고백한다. 아이들을 가르치면서도 그랬고 동시를 쓰면서도 그렇다. 이슬 한 방울이 풀잎에 맺히고 채송화가 꽃잎을 여는 것도 하느님의 숨결이 없으면 안 되는 일인 것도 알았다. 하느님을 사랑하려면 나는 한없이 작아져야 한다. 내 작은 삶이 하느님을 더 커지게 해야 한다. 강물이 바다로 모이는 것은 바다가 낮기 때문이다. 나는 삶의 성공 척도가 나를 섬기는 사람의 수가 아니라 내가 섬기는 사람의 수라는 것을 명심하며 살아오고 있다.

몰랐다
정말 몰랐다
손으로는 예쁘게 가을 산 칠하고 있지만
바싹바싹 타는 입술과
야위어만 가는 속마음은
정말 몰랐다.
단풍나무야 미안하다

―「단풍나무에게」 전문

삶은 고비 고비마다 힘들다. 어느 순간인들 어려운 게 삶이다.

삶이 쉬울 수는 없다. 나는 1990년대 후반부터 내 삶에서 가장 소중한 정배(定配)의 아픔을 함께 겪어온다. 뒤늦게 찾아온 삶의 시련이고 매우 큰 혼란이다. 체칠리아는 몸 일부가 죽은 상실의 고통 속에 살아오고 나는 그것을 지켜보고 있다. 일주일에 세 번씩 투석한다. 마음이 아프다. 슬프고 힘들다. 아직도 끝나지 않은 고통이다. 그렇지만 하루하루 감사하며 살아간다. 그것은 체칠리아가 인도해준 하느님에 대한 믿음 덕분이다. 나는 아내 덕에 하느님을 만나 삶의 비밀을 배웠다. 감사함이 마땅하고 옳은 도리라는 것을. 앞으로도 아내의 고통과 아픔과 쓸쓸함을 지금보다 더 가까이서 보듬어주려 한다. 아내와 내 삶의 평화를 위해서 고통과 상처들을 신에게 다 의탁할 것이다.

> 어두운 이 땅에서
> 스스로 빛을 내며 사는 게
> 쉬운 일이 아니다
> 깜박깜박 꺼질 듯 살아가는 삶이지만
> 빛을 잃어버린 적이 없다
> 빛을 내려놓은 적이 없다
> 비바람을 이기고 가야 할 길이 있어서다
> 빛으로 열어갈 세상이 있기 때문이다
> 　　　　　　　　　　_「반딧불이」 중에서

내 삶의 두 가지 기둥

나는 내 삶에서 두 가지 기둥을 세우고 살아오고 있다. 하나는 진리라는 기둥이고 다른 하나는 진실이라는 기둥이다. 진리는 배움에서 찾으려 하고 진실은 문학에서 찾으려 한다. 방송대는 이 두 가지 기둥을 튼튼하게 해준 반석이다.

방송대는 내 삶의 30대 초반에 잃을 뻔했던 배움의 길을 다시 찾게 해주었다. 배움이 무엇인지 새삼 깨닫게 해준 거울이다. 무엇보다 고마운 것은 삶의 진리를 찾기 위한 탐구의 과정을 넓고 깊게 열어 주었다는 점이다. 또 방송대는 내게 문학의 세계를 그치지 않고 항해할 수 있는 젖지 않는 나침반이 되어 주었다.

사실 교육대학에서 받은 문학 수업은 문학교육 차원이어서 좋은 시인이 되고 싶던 나로서는 그것으로 부족했다. 나는 목말라 하던 진실에 접근하는 문학의 세계를 방송대에서 열어갈 수 있었다. 나는 방송대를 졸업하고 국민대학교 교육대학원 국어국문학과에 입학했다. 방송대는 내 삶에서 더 높고 깊은 배움의 장과 문학의 길을 확장해준 좋은 안내자였고 결정자였다. 이때가 내 인생에서 가장 의미 있는 아름다운 시간표였다.

이창건 | 아동문학가로, 현재 한국아동문학인협회 이사장으로 재직하고 있다. 춘천교육대학, 방송대 국문학과, 국민대 교육대학원(국어국문학)을 졸업했다. 1981년 동시 「어머니」로 등단했다. 동시집 『풀씨를 위해』, 『소년과 연』, 『사과나무의 우화』 등과 시집 『비는 하늘에도 내린다』를 냈다. 한국아동문학상, 대한민국문학상(신인상), 소천아동문학상 등을 받았다.

"이 회장, 포기하지 말고 끝까지 하세요. 선생님이 도울게요."
설진아 학과장님이 내게 해준 말씀이다. 당시 나는 여러 일로 힘들어서 공부를 계속할지 고민하던 차여서 누군가의 조언이 필요했다. 마침 교수님이 옆자리로 와서 고민을 말씀드렸는데, 평생을 힘이 되어준 말씀을 듣게 된 것이다. 나는 이 말씀으로 다시 힘을 내어 대학원 진학을 위한 포트폴리오 기획을 마무리하고 작품 촬영을 시작했다.

볼륨을 높여라

이흥우 _2012 미디어영상학과 졸업, 사진작가

오늘도 여전히 방송대 울산지역대학 도서관으로 향하는 매주 토요일과 일요일 아침에는 늘 그렇듯 사라사테의 치고이너바이젠이 흘렀고, 여느 때와 마찬가지로 차 안 오디오 볼륨을 한계치까지 끌어올려 모든 정신을 한 곳으로 집중시킨다. 봄, 여름, 가을, 겨울이 지나고 새로 봄이 되어 학교 가는 길이 다시 열리면 어김없이 연주되는 8분 30초의 시간은 꿈만 같다. 지금도 집중할 일이 생기면 습관처럼 치고이너바이젠의 강렬한 바이올린 음률에 나를 맡긴다.

10년 계획의 출발점

군 전역 후, 못다 한 대학 공부를 하고자 우선 3년쯤 일해서 학자금을 마련할 요량으로 취업을 했다. 주야 2교대 근무의 생산직이었다. 이때는 마흔 줄 들어서야 대학에 가게 될 줄은 꿈에도 몰랐다. 새롭게 가정을 꾸리면서 공부를 더 미룰 수밖에 없는 상황이 되었다. 그렇게 20대와 30대의 꽃 같은 청춘이 훌쩍 지나버렸다.

마흔 줄에 들어서야 그동안 미뤄둔 공부를 더 늦기 전에 시작해야 한다는 절박감이 들었다. 나는 사진을 중학교 졸업할 무렵 필름카메라로 시작했는데, 강산이 두 번도 더 바뀌는 동안 사진도 디지털카메라 환경으로 바뀌었다. 나름대로 사진 작업을 꾸준히 해왔지만, 늘 더 깊이 공부하고 싶은 열망이 있었다. 그 열망이 나를 방송대 미디어영상학과로 데려다주었다.

그러기까지는 내 사진에 대한 고민이 깊었다. '내 사진은 무엇인가?' 답을 얻고자 했지만 잡힐 듯 말 듯싶다가 끝내 캄캄한 수렁이었다. 답은 결국, 공부에 있다는 걸 깨달았다. 학업과 생업을 병행하기에 제일 좋은 대학은 방송대였다. 사진학과가 없어서 사진과 연관성이 있어 보이는 미디어영상학과를 선택했다.

10년 계획을 세웠다. 학사과정 4년, 석사과정 2년, 박사과정 4년. 지금 돌아보면 그나마 계획대로 살았던 기간은 방송대 미디어영상학과 4년이었던 것 같다. 공부해야 한다는 절박감이 나를 적극적인 실천으로 이끌었다. 전국 학우들과의 연대와 공유, 학과 교수님들과의 인연 등 내 인생에서 중요한 전환점이 되었다. 내성적이던 내가 방송대 미디어영상학과에 입학하고부터 학생들을 만나고 독려하며 성격이 적극적으로 변하기 시작했으니 말이다.

일단 청소부터

신입생 오리엔테이션이 있었다. 선배들에게 학과 소개를 받고 학년 대표를 선출하게 되었다. 다들 바쁜 일정을 쪼개어 공부하다 보니 학년 대표 맡기를 꺼렸다. 나도 부담스러웠다. 하지만 기꺼이 맡아서 우선 서로 도움이 되기 위해 공부 소모임부터 만들었다. 일주일에 한 번씩 만나 요약정리하고 워크숍 등을 통해 서로 독려하며, 학우의 중도 포기를 막고자 여건이 되면 학우들의 공부를 도울 뿐 아니라 직접 일터까지 찾아가 만나며 유대를 돈독히 했다. 그렇게 여러 난관을 헤쳐가고 있었지만 정작 공부를 계속해야 할지 의문이 머리를 내미는 나 자신에게는 속수무책이었다.

사진학을 공부하려고 입학했는데 미디어영상학과 커리큘럼에는 사진 관련 교과목이 전혀 없었다. 2학기 수강 신청 전에 고민이 깊었다. 하지만 자퇴는 나를 믿고 함께 한 동기들에게 무책임한 짓이고, 어렵게 시작한 공부이니만큼 아쉬움도 클 터였다. 다행히 사진을 통한 소통에 참고할 수 있는 다양한 교과목들은 대학원 공부에 도움이 될 것들이었다. 그래서 미디어영상학과 교과목에다 실제적인 공부를 더 하고 싶었다.

나는 여러 정보를 취합해 평생교육사 자격시험에 응시하기로 했다. 교육학 관련 11과목을 패스하고 실습을 마쳐야 하는 고단한 과정이었고 1인 8역에서 1인 9역으로 해야 할 일이 더 많아졌지만 새로운 목표가 정해지니 오히려 홀가분해졌다. 그러나 교육에는 문외한인 내가 교육학과 3, 4학년 전공 심화 교과과정을 소화하기란 쉽지 않았다. 무한 반복 학습 외에는 달리 뾰족한 방법이 없었다. 어떻게 보면 무모한 도전이었지만, 어쩌면 그 무모함이 내가 지금 미디어영상학과 후배들에게 사진론을 강의하게 된 자산이 되었지 싶다.

내 삶에 더 큰 변화를 가져온 것은 바로 1학년을 마치고 학과 학생회 회의에서 나를 차기 학회장으로 추대하면서부터였다. 책임감에 따른 긍정적인 변화였다.

당시 울산에서는 방송대 지역학습관이 지역대학으로 승격되면서 신축 교사가 들어서고, 지역학습관 건물은 학생들의 스터디 공간으로 활용되어온 것으로 보였다. 열쇠를 넘겨받기 전에는 학습관이 있는지조차 몰랐다. 기대에 차서 학습관 문을 여는 순간 경악을 금치 못했다. 몇 년 동안 인적이 끊겼는지 먼지 구덩이에 많은 학습 자료가 방치되어 있었다. 청소와 정리부터 하기로 하고 학우들을 모았다.

학습 자료와 집기를 들어내고 청소와 내부 수리부터 했다. 전기를 잘 아는 학우가 배선을 정비하고 전등과 스위치를 교체했다. 오래된 벽지와 장판을 새로 갈았다. 유리창을 말끔히 닦아내고 창문 커튼을 새로 달자 실내가 환해졌다. 집기를 들여 정돈하고 학습 자료를 찾아보기 쉽도록 체계적으로 정리해 놓았다. 컴퓨터, 프린터 같은 전자 기기는 학우들이 남은 것을 가져다 설치했다. 쾌적한 학습공간을 만드는 데 모두 힘을 모았다.

이 과정에서 실로 다양한 분야의 전문가들이 실력을 발휘했다. 방송대가 아니면 꿈도 꿀 수 없는 일이었다. 이렇게 저마다 전문성과 경험을 살려 2주간에 걸친 대공사를 마무리했다. 학습관은 그야말로 환골탈태했다. 이후로 학습관은 우리 울산지역대학 미디어영상학과 배움의 터전으로 다른 학과들의 부러움의 대상이 되었다.

재능은 나눌 때 가장 빛나

학과 학생회장을 하면서 지역사회를 돌아보는 것에도 눈을 돌렸다. 미디어영상학과의 특기인 사진과 영상 촬영을 통해 지역사회에 재능기부를 할 방안을 찾아보았다. 마침 당시 울산 북구 종

합사회복지관에 지인이 있어 그곳에서 재능기부 봉사활동을 할 여건을 마련하고자 담당자와 만났다.

담당자는 복지관 행사를 기록하는 사진과 영상 전문가가 필요하다고 했다. 적극적으로 재능기부에 참여하기로 의견을 모았다. 바쁜 일정이었지만 많은 학우가 시간을 내어 대여한 학과 영상장비로 영상을 촬영하고, 나와 몇몇 학우는 사진을 촬영했다. 촬영한 영상과 사진 편집작업은 며칠간 학습관에서 이루어졌다. 다들 그동안 배운 실력을 마음껏 발휘했다. 복지관에서는 크게 만족해했다. 덤으로 우리의 우정도 한층 깊어졌다.

며칠 뒤 담당자가 다시 연락을 해왔다. 지역 시민기자들을 위한 '보도사진 촬영과 기사 작성' 특강 요청이었다. 한 달쯤 시간 여유는 있었다. 여러 가지 일정들을 고려하면 매우 바쁘게 움직

여야 했지만 나는 흔쾌히 수락했다. 다른 것보다 지역사회를 위한 재능기부를 이미 약속했을뿐더러 보람 있는 일이었고, 더구나 사진학 관련 강의 요청이었다.

포토 저널리즘과 취재 후 기사 작성 관련 강의지만 기초소양부터 다뤄야 해서 광범위한 강의를 이틀에 끝내야 하는 과정이었다. 일단 강의 준비에 들어갔다. 울산지역대학 사진동호회를 창단하면서 회원 워크숍에서 강의했던 사진학 자료 중에서 포토 저널리즘 위주로 다시 편집하고 기사 작성 부분을 보강했다. 시민기자 수강생들의 취재 활동을 보다 효율적으로 하기 위한 강의자료 작성을 마무리했다. 사진 실습과 기사 작성을 위한 자료들도 충분히 만들어 제공해 취재 활동을 보장하고 기사 완결을 위한 준비된 강의를 했다.

강의 중에 무엇보다 놀란 것은, 왕성하게 활동하는 시민기자 대부분이 나이 많은 지역민이라는 것, 학구열이 청년들 못지않게 뜨겁다는 것이다. 특강을 마치면서 방송대 미디어영상학과에서 공부하고 있는 데 대한 보람과 감사를 느꼈다.

꿈을 실현하는 디딤돌

학과 커리큘럼에서 사진학과 관련 교과목이 개설되면서 사진 관련 공부에 열정을 더하는 한편으로 대학원 진학을 구체화하기로 했지만, 고민도 많았다.

3학년이 마무리되어 갈 즈음 총장배 영상제에 참석하기 위해 학우들과 서울 본교로 갔다. 영상제가 끝나고 학과 교수님들과 학생들이 모여 뒤풀이하는 자리였다.

"이 회장, 포기하지 말고 끝까지 하세요. 선생님이 도울게요."

설진아 학과장님이 내게 해준 말씀이다. 당시 나는 여러 일로 힘들어서 공부를 계속할지 고민하던 차여서 누군가의 조언이 필요했다. 마침 교수님이 옆자리로 와서 고민을 말씀드렸는데, 평생을 힘이 되어준 말씀을 듣게 된 것이다. 나는 이 말씀으로 다시 힘을 내어 대학원 진학을 위한 포트폴리오 기획을 마무리하고 작품 촬영을 시작했다.

대학원 진학을 위한 모든 준비를 마치고 전형 서류를 검토했다. 그런데 입학 추천서가 필요했다. 이때도 설 교수님이 흔쾌히 추천서를 내준 덕분에 합격 통지서를 받았다. 마침내 사진 공부에 전념할 수 있게 되어 비로소 사진가의 길로 들어선 기분이 들었다.

이런 날이 오기까지는 방송대가 든든한 디딤돌이 되었고, 교수님의 아낌없는 격려와 동문수학한 학우들의 응원이 있었다.

마침내 나의 길을 찾아

그동안 꿈으로만 여기던 대학원 진학으로 기대에 한껏 부풀었다. 대학원에서도 공부 모임을 만들고 함께 공부했다. 경산에서 울산은 멀었다. 회사 근무를 마치면 하루 휴가를 내고 이틀 연속으로 수업을 받고 이튿날 다시 출근해야 하는 날들의 연속이었다. 게다가 매번 수강 교과목에 따라 세미나와 과제 준비 등 숨 가쁘게 돌아가는 과정의 연속이었지만 힘들지 않았다. 아니, 오히려 힘든 과정을 즐겼다. 하고 싶은 공부를 나이 사십 줄에 늦게나마 할 수 있게 되었으니 얼마나 다행한 일인가. 더구나 다양한 전시회에 작품을 출품하고, 울산 환경 사진 페스티벌 특별전에 초대되어 사진가로 공식 데뷔하게 되었으니 말이다. 내친김에 한국사진학회에 등록하고 사진학회 활동도 시작했다.

대학원 재학 중 다양한 작품을 발표하면서 사진가로서의 길을 차곡차곡 밟아 나아가다 보니 어느덧 졸업이다. 방송대 입학 전에는 도저히 잡을 수 없는 꿈만 같던 사진가로서의 길을 내딛게 되었으며, 고단한 여정도 방송대라는 든든한 디딤돌이 있어서 계속할 수 있었다.

대학원을 졸업하고 제주도의 환경파괴 문제를 다룬 작품과 원자력 발전소의 환경파괴 문제, 도시 서민들의 주거 문제와 도시 재생을 다룬 북정동 스토리 기획과 작품 촬영을 꾸준히 준비하고 있었다. 그런 중에 미디어영상학과 은사인 장일 교수님이 새 학기에 학과 교과목을 개편하면서 개설한 사진영상론에 초빙작가로 참여하여 사진론 강의를 함께하자고 제안했다. 나로서는 새로운 기회가 생겼다. 그리하여 지금껏 영상강의를 통해 미디어영상학과 후배들에게 사진 전반에 관한 지식과 경험을 전달하고 있다.

그런 가운데 장일, 이성민 두 교수님과 함께 공저로 사진영상론에 관한 책까지 냈다. 은사님 말씀처럼 나는 "준비가 되어 있었기에 강의도 하고 책도 내게 되었다." 우리 방송대 후배들도 힘들고 고달픈 과정이지만 조금만 참고 잘 준비한다면 방송대가 기회의 디딤돌이 될 수 있을 것이다.

이흥우 | 한국사진학회 정회원, 방송대 미디어영상학과(사진영상론) 초빙작가로 있다. 방송대 미디어영상학과, 경일대 일반대학원 사진영상학과를 졸업했다. 방송대 울산지역대학 사진동호회 회원展, 울산 국제환경사진 페스티벌 특별展, 대구 미래 색展, 3인 3색 展, 공명으로 담다 展에 참여했다. 저서에 『뉴 포토그래픽스를 토대로 한 자연과 인공의 공조에 대한 고찰』『사진영상론』(공저)이 있다.

방송대의 진정한 가치는 학습하는 인간(Homo Eruditio)을 양성해온 것이다. 방송대에서 자기 주도 학습능력을 연마한 덕분에 계속 학습을 하고, 또 학습을 즐기는 사람으로 성장한 것이다. 우리 동기생들만 보더라도 대다수가 계속 공부를 하고, 또 그 학습 자체를 즐기는 삶을 살고 있다.

학습하는 인간이 된 보람

전은경 _ 1985 농학과 졸업, 디지털서울문화예술대 교수

방송대를 1985년에 졸업했으니 36년의 세월이 흘렀지만, 방송대 시절의 기억은 여태 생생하다. 고등학교를 졸업하고 상경하여 2년간 직장생활을 하던 중에 초급대학 과정 79학번으로 방송대에 입학하여 이태 후에 졸업하고, 1982년에 학사과정이 생기자 곧바로 편입하여 3년 과정을 마쳤다. 그러고는 서울대 대학원 석사과정에 입학하여 박사과정까지 1993년에 마쳤다. 나는 방송대 덕분에 15년간 '학습하는 인간'으로 살면서 많은 것을 이루었다.

방송대 학생 시절

경북 의성에서 고등학교 졸업 후 상경하여 직장을 다녔다. 직장생활이 2년쯤 되어 갈 무렵, 공부하고 싶은 마음이 간절해져 일하면서 공부할 수 있고 등록금 부담도 없는 방송대에 입학했다.

처음으로 들었던 새벽 6시 라디오 강의는 지금도 잊을 수가 없다. 또렷또렷한 목소리의 교수님이 주경야독의 값진 선택으로 높은 경쟁률을 뚫고 들어온 여러분의 입학이 대견하다며 뜨겁게 축하해주었다. 그 축하의 말만으로도 나는 가슴이 뛰었다.

새벽 라디오 강의는 놓치기 일쑤여서 녹음해서 듣기도 했다. 여름 혹서기와 겨울 혹한기에 일주일 넘게 진행된 출석수업은 쉽지 않았다. 서울 행당동에서 수원 서울농대까지 전철을 타고 다녀야 했다. 고생스럽긴 했지만, 목소리로만 들어오던 교수님들을 강의를 직접 듣는 기쁨도 컸고, 동기생들과 만나서 못다 한 얘기의 갈증을 풀고 우정을 나눈 것은 더없이 좋았다.

2년 과정은 금세 지나갔다. 열심히 공부한 덕분에 2년 만에 무사히 졸업했다. 졸업 후 4년제 일반대학 편입이 무산되어 고민하고 있는데 마침 1982년에 방송대가 5년제 학사과정 대학으로 승격하면서 전임 교수 제도가 생겼다(이전에는 서울대 교수님들이 겸직했다). 나는 곧 농학과(농촌개발 전공) 3학년으로 편입했다.

나는 한번은 하마터면 낙제할 뻔했다. 어느 한 과목에 F가 나온 것이다. 교무처에 문의했더니 출석수업 점수가 0점이어서 그렇다고 했다. 출석수업 담당 교수님을 찾아가 문의했더니 0점을 준 학생은 없다고 했다. 다시 성적 관리부서에 문의하니 담당자가 문서창고로 가서 채점표를 찾아왔다. 뒤져보니 여러 장 중에 한 장을 빠뜨리고 보내서 0점 처리된 것이다. 덕분에 20명 이상의 성적이 제대로 정정되었다.

학사과정 1기 졸업생의 서울대 대학원 진학 사건

출석수업을 담당한 서울대 교수님들의 격려와 우리 학과 학습 동아리 특강 강사로 초빙한 서울대 박사과정 선생님들의 조언에 힘입어 졸업 1년 전부터 대학원 진학을 준비했다. 대학원 시험 과목은 전공과 영어인데, 전공은 방송대에서 배운 내용만으로 충분하고 영어는 별도의 준비가 필요하다고 했다. 나는 영어 공부에 몰입했다. 일반대학 개설 토플반에 등록해서 공부했는데, 나중에는 오가는 시간이 아까워 도서관에서 혼자 공부했다. 전공은 선배 대학원생들이 이전에 출제된 족보 같은 자료를 모아주어서 준비에 큰 도움이 되었다.

1984년 겨울, 대학원 입학시험을 치러 합격했다. 방송대 학사과정 1기 졸업생이 서울대 대학원에 진학한 사실 자체로 사건이 되는 시절이었다. 학교에서 보도자료를 냈는지 언론사 여기저기서 연락이 왔다. 어리둥절한 가운데 회사까지 찾아온 기자의 인터뷰에 응했더니, TV 저녁 뉴스 시간에 내 이야기가 방영되고, 유력 신문에도 소개되었다. 이로 인한 주변의 관심이 부담스러웠지만, 후배들에게는 큰 힘이 되었던 것 같다. 이후로 후배들의 모임에 초대받아 경험을 소개하기도 하고, 상담도 많이 했다.

1985년 3월, 입학과 함께 다니던 회사를 그만두어야 했다. 직장에 다니면서 대학원 공부를 제대로 해내기는 아무래도 무리였다. 그동안 저축한 돈과 퇴직금으로 대학원 2년을 버틸 요량이었다. 석사를 마치고 취업에 나섰지만 여의치 않았다. 쉬는 동안 결혼하여 첫 아이를 출산하고는 박사과정에 진학하여 다시 학교로 돌아갔다. 석사만으로는 전공을 살려서 취업하기가 쉽지 않았을

뿐더러 하던 공부를 마저 끝내고 싶었다. 1990년부터 다시 학교생활이 시작되었다. 육아에 종종 아르바이트도 해가면서 박사과정을 3년 만에 마쳤다. 남편의 응원과 외조의 힘이 컸다.

방송대 연구원에서 사이버대학 교수까지

박사과정을 마치고 시간강사를 하다가 방송대 방송통신연구소 연구원에 지원해 뽑혔다. 4년 임기의 연구원으로 재직하면서 여러 연구 프로젝트를 수행했다. 방송대 매체 강의 활용실태, 방송대 비학위과정 도입방안, CATV 도입활용방안 등 방송대 발전에 중요한 연구들이었다. 게다가 평생교육원, 교원연수원 설립과 운영 등의 업무도 담당했다. 임기 말에 새로 생긴 책임연구원에 지원하여 최종면접까지 봤지만 석연찮은 이유로 임용이 무산되었다.

이 문제로 마음의 상처를 입고 낙담해 있는 중에 마침 개설하는 사이버대학 교수에 응모해 임용되었다. 방송대 연구원 재직 경력의 전문성을 크게 인정받은 성싶다. 처음 몇 년 동안은 설립 준비, 개교 등으로 분주하면서도 의미 있는 시간을 보냈다.

사이버대학 초기 학생들은 상당수가 방송대에 다닌 적이 있었다. 방송대 공부를 시작했지만 마치지 못하고 사이버대학으로 진학한 것이다. 사이버대학은 방송대와는 달리 일반대학처럼 소수의 학생이 시간과 공간에 구애받지 않고 공부하면서 언제든 교수에게 도움을 청할 수 있는 구조였다. 수업은 인터넷을 기반으로 진행되지만, 일반대학이나 다름없는 친밀도를 유지할 수 있어서 학습에 유리한 편이었다.

학생들을 지도하면서 나의 학창시절을 떠올린다. 여기 학생들도 거의 다 일하면서 공부하는 가장이고 주부다. 내가 먼저 겪은 날들을 이제 겪고 있는 학생들을 위해 무엇을 더 해줄 수 있을지 날마다 고민이다.

내 인생의 방송대

나는 방송대를 통해 학습하는 인간으로 거듭나 전문직업인으로 성장할 수 있었다. 우리 세대처럼 어려운 시기에 태어나 일반대학에 진학하지 못한 사람들에게 방송대마저 없었다면 자아실현은 영영 불가능했을 것이다.

방송대가 언제 어떻게 설립되었는지 궁금해서 찾아보니 1968년부터 설립이 논의되다가 1972년 서울대학교 부설 한국방송통신대학으로 설립되었다. 그러고 보니 79학번인 나는 서울대학교 부설 기관에 입학하여 졸업한 셈이고, 학사과정에 편입하고 나서야 독립된 방송대에 다닌 것이다.

초창기부터 졸업생의 능력을 사회에서 인정받도록 하겠다는 학교 당국의 의지로 학습 강도를 높였지 않나 생각한다. 지금도 졸업하기가 만만치 않지만, 그때는 입학생 가운데 졸업생 비율이 불과 20% 남짓이었다. 이런 원칙이 지금까지 이어진 덕분에 방송대 졸업생은 사회에서 그 학력을 높이 사게 되었다.

그렇게 어렵게 다닌 학교이니만큼 세월이 지나도 기억이 생생하다. 방송대 학우들은 지금도 일 년에 수차례씩 만나 정을 나누는 죽마고우다. 나는 동기생 중 제일 어린 편이어서 좋은 오라버니와 언니들을 친구로 삼아 우정을 나누고 있다.

가끔 학과 은사님들과도 함께하는 시간을 갖는다. 이제는 다 은퇴하셨는데, 여러 번 등산도 같이할 만큼 가까이 지낸다. 등산하다 쉬는 짬짬이 금과옥조의 말씀으로 우리를 성찰에 들게 한다. 방송대 연구원으로 재직 중에 농학과 교수님들에 대한 말이 들렸다. 학교에서 교수님들에게 회의 참석 수당을 지급해왔는데, 농학과 교수님들이 학교 일과시간에 학교 일로 참석한 회의는 그 수당을 별도로 받을 수 없다며 돌려보냈다는 것이다. 그동안 아무도 이의를 제기하지 않은 문제였다.

우리 농학과 교수님들은 은퇴식 생략을 전통으로 삼은 것 같다. 어느 날 일이 있어 사무실로 연락드리면 은퇴했다는 것이다. 섭섭한 마음에 어찌 그럴 수 있느냐며 볼멘소리도 했지만, 조용히 떠나는 모습은 그 자체로도 감동이다. 조용한 성찰을 부르는 이별이다. 좀 쓸쓸하긴 해도 멋진 이별이다. 우리가 이런 멋진 교수님들에게 배웠다니, 행운이다.

방송대의 본질적 가치는 '학습하는 인간' 양성

우리나라 교육사에서 가장 성공한 교육정책을 하나 꼽으라면 나는 망설임 없이 방송대 설립과 운영을 들겠다. 가난한 사람에게 고등교육을 받을 기회를 주고, 가난하진 않지만 바빠서 더 하고 싶은 공부를 계속하기 어려운 사람에게도 기회를 주는 역사에 길이 빛날 교육 혁신이다. 게다가 교육의 질도 담보하여 졸업생들이 학습능력을 인정받고 있으니, 개교 초부터 원칙대로 운영해 준 교수님들 덕분이다.

다만 하나, 중도에 포기하는 학생이 너무 많았다는 점이 아쉽다. 일방 전달의 강의를 들으면서 스스로 학습 동기를 유지하기도, 학습 성취를 이루기도 쉽지 않다. 최근에는 튜터 제도가 도입되어 그런 문제가 어느 정도 해소되었다니 다행이다.

방송대 개교 50주년이라니, 놀라운 일이다. 학생 수로 보면 우리나라 최고 대학이다. 국가 발전의 중추를 담당한 사람들 대부분이 방송대 졸업생이다. 그보다 방송대의 진정한 가치는 학습하는 인간(Homo Eruditio)을 양성해온 것이다. 방송대에서 자기 주도 학습능력을 연마한 덕분에 계속 학습을 하고, 또 학습을 즐기는 사람으로 성장한 것이다. 우리 동기생들만 보더라도 대다수가 계속 공부를 하고, 또 그 학습 자체를 즐기는 삶을 살고 있다.

젊을 때는 학습을 물질적 성취의 도구로 생각하기 쉽지만, 나이가 들면서는 한 인간 존재로서의 완성을 위해 학습 자체를 즐기는 방향으로 바뀐다. 방송대 연구원으로 재직할 때 방송대 졸업생을 추적한 연구를 수행했는데, 인터뷰에 응한 졸업생 대부분이 방송대로 인해 학습이 두렵지 않게 되고, 학습에 자신감이 생겼다고 했다. 나는 방송대를 통해 어떤 책이든지 처음부터 끝까지 읽고 공부하는 것을 두려워하지 않게 되었다.

바라는 삶을 얻기 위해 배우지만, 배움은 그 자체로 기쁨이기도 하다. 뭔가를 배운다는 건 얼마나 값진 일인가! 내가 방송대에서 받은 가장 귀한 선물은 학습하는 인간이 되었다는 것이다.

> **전은경** │ 현재 디지털서울문화예술대 교수로 재직하고 있다. 방송대 농학과를 졸업하고, 서울대 대학원에서 교육학 석사와 박사 학위를 취득했다. 방송대 원격교육연구소 연구원, 한국문해교육협회회장, 한국평생교육총연합회 부회장을 지냈다. 교육가로서 문해교육 연구와 진흥 활동에 열정을 쏟아왔다.

산림청장 퇴임 후에 생명의숲국민운동 상임공동대표를 맡아 나무를 심고 가꾸는 일에 힘을 쏟았다. 천리포수목원장으로 3년을 봉직하는 동안에는 설립자의 뜻을 살려 사람보다는 식물들이 행복한 수목원을 만들고자 애썼다. 또 그는 산에서 소득을 올리며 보람 있게 사는 길을 안내하는 산림아카데미를 만들어 이사장으로 1천 명에 달하는 임업인을 배출했다.

비단산으로 간 산림청장

조연환 _ 1987 경영학과 졸업, 전 산림청장

선생님을 꿈꿨던 소년은 1967년, 19세에 9급 산림공무원으로 공직에 들어섰다가 38년 후 산림청장으로 퇴직했다. 원하는 대학에 입학원서도 못 내보고 선택한 공무원이었다. 기회가 되면 대학을 가겠다는 생각이었지만, 공부의 길에 다시 돌아오기까지는 15년이 걸렸다.

첫 발령지는 안동영림서 제3관작사업소. 이불 보따리를 짊어지고 충북 보은에서 안동행 버스에 올랐다. 저녁참에 도착해 문을 두드리니 숙직이 나왔다. 발령통지서를 보여주니 근무지가 안동이 아니라 무주란다. 차가운 빈 숙직실에 짐을 푸는데 막막했다. 무주는 또 어디인가? 이튿날 다시 이불 보따리를 싸 들고 어제 온 길을 되돌아 상주로 갔다. 거기서 영동으로, 다시 무주행 버스를 탔다. 둘째 날 밤 무주 숙직실에서 잠을 청하는데 붙잡힌 도벌꾼들 조사로 시끌시끌했다. 오만 생각이 다 들었다. 이튿날 다시 무주 구천동으로 향했다. 버스를 내려 백련사 쪽으로 한 시간 걸어 덕유산 한가운데 나무 벌채를 하는, 인부들이 먹고 자는 함바집에 닿았다. 첫 근무지였다.

"조 주사, 저 나무 지름이 얼마나 될까?"

낮에는 벌채 인부를 감독하고, 저녁에는 하루 동안 베어낸 나무 양을 계산했다. 이렇게 해서는 희망이 없었다. 사법예비시험을 보리라 작정했다. 낮에는 산에서 일하고, 밤이면 호롱불 아래 빈대에 뜯겨가며 공부에 매달렸다. 하지만 3년 내리 낙방했다.

희망이 없자 오히려 더욱 일에 매달렸다. 12시에 오전 작업을 끝내고 김치와 된장찌개가 전부인 점심을 인부들과 나눠 먹는다. 잠깐 쉬다가 오후 작업에다 검척(통나무 지름을 재는 일)까지 끝내고 숙소로 돌아오면 저녁 7시가 훌쩍 넘었다. 하루 12시간씩 산속을 누비고 돌아와 숙소에서 나무 양까지 계산하다 보면 몸이 녹아내렸다.

자식뻘 되는 신출내기 산간수가 열심히 하는 모습이 기특해 보였는지, 검척원들은 이런저런 이야기를 많이 해줬다. 하루는 한 검척원이 물었다. "조 주사, 저 나무 흉고직경(가슴높이의 나무 지름)이 얼마나 될까?" "한 28cm쯤 될 것 같은데요." 그러자 가서 재보라고 했다. 재보니 40cm쯤 됐다. 검척원이 웃으며 말했다. "산간수는 척 보기만 해도 나무 굵기며 부피를 한눈에 알아야 하는 거야." 과연 석 달쯤 지나고부터 나무의 굵기와 크기는 물론 무더기의 부피까지 눈대중으로 정확하게 맞출 수 있었다. 산림전문가로서 눈을 틔운 것이다. 이런 현장경험이 산림청 본청 근무 시절 소중한 자산이 됐다.

1978년, 산림청 본청으로 발령받아 상경했다. 7급으로 승급했지만, 서울 생활은 팍팍했다. 아이 하나 유치원 보내기도 어려웠다. 우연히 신문에서 기술고등고시 임업직 합격자 명단을 봤다. 5급 사무관이 되면 살림이 좀 피겠다는 생각에 고시 공부를 시작했다. 부엌 달린 단칸 셋방 다락에 사과 궤짝을 놓고 공부방을 차렸다. 새벽이면 청량리 학원으로 가고, 퇴근해서는 다락에서 공부했다. 아내는 공부에 방해될까 봐, 저녁을 차려주고는 아들을 업고 나갔다가 잠이 들면 돌아왔다. 1979년 1차 시험에 합격하고, 이듬해 최종 합격했다. 최고령 합격자였다.

5급에서 3급으로 승진하는 데는 14년이나 걸렸지만 3급부터는 승진이 빨라서 정무직인 청장까지 가는 데 10년이 채 걸리지 않았다. 물론 산림청장 발탁에는 당시 학력보다는 능력을 중시한 노무현 대통령의 인사 철학도 크게 작용했다.

그는 산림청장 취임 이후 숲 가꾸기에 힘을 쏟았다. 힘들여 심어 놓고 가꾸지 못해 죽어가는 나무가 너무 많았다. 숲 가꾸기에 나선 그는 전국의 산림 현장을 찾아 공무원들을 독려하고, 기획재정부를 설득해 전액 국고 지원사업으로 추진하도록 했다.

무엇보다 2005년 「백두대간 보호에 관한 법률」 제정에 발 벗고 나섬으로써 백년대계의 기초를 세운 일은 의미가 컸다. 백두대간이 훼손되는 모습에 법을 만들어야겠다고 다짐한 지 10년 만이고, 일제에 백두대간의 산줄기 체계를 빼앗긴 지 어언 100년 만이다.

그는 청장 재임 당시 대통령에 건의해 임업인 300명이 청와대

임업인 300명과 함께한 청와대 초청 방문에서 임업인들이 생산한 더덕에 대해 노무현 대통령 내외에게 설명하고 있는 조 동문(2005년 겨울)

초청을 받도록 한 일을 가장 큰 보람으로 꼽았다.

"나무를 심고 가꾸는 임업인은 정말 중요한 일을 하는 애국자인데 나라도 국민도 잘 몰라줘요. 노무현 대통령이 임업인을 초청해 노고를 치사하고 격려했어요."

산림청은 '시인청'

충북 보은 출생의 그는 9남매의 다섯째이자 차남이다. 논밭 한 떼기 없는 궁핍한 촌살림에 품팔이로 9남매를 기른 아버지를 생각하며 쓴 시 「숫돌의 눈물」(2006, 오감도)로 대통령상을 받으면서 시인으로 등단했다. "손톱으로 누르면 꼭 들어갈 것 같은 숫돌에 몇 방울 물을 떨어뜨리고 낫을 문지르면 숫돌은 제 몸을 깎아내며 날을 똑바로 세워주는"데, 아버지가 바로 그 숫돌이라며 "숫돌에 낫을 갈던" 아버지를 그리워했다. 그 그리움 뒤에는 늘 어머니를 일찍 여읜 슬픔이 배여 있어 눈을 붉혔다.

"아버지는 제가 기술고시 합격하고 방송대 졸업하는 것까지 다 보시고 92세에 돌아가셨는데, 어머니는 고생만 하시다가 제가 고1 때 돌아가셔서 늘 마음이 아픕니다."

그의 시는 일상에서 피어난다. 참깨 대궁을 조금 쉽게 베고 싶은 아내와 길게 베고 싶은 남편의 말다툼을 한 편의 시로 풀어낸 「참깨 대궁을 베며」를 읽으면 슬며시 미소가 진다. 「너, 이팝나무 같은 사람아!」는 2018년 그에게 녹색문학상을 안겼다. 그는 따로 시를 공부한 적이 없다. 하루하루 살아가면서 느끼는 바를 그저 짧은 글로 표현할 뿐. 그런 글을 모아 세 권의 시집을 냈다.

2000년 5월, 강원도 고성에서 산불로 숲이 사라졌다. 그를 비롯한 많은 산림공무원과 임업인들이 안타까운 마음을 시와 산문으로 썼다. 이 글들을 모아 발간한 문집 『아까시꽃이 피기를 기다리는 사람들』을 계기로 생긴 산림문학회가 올해로 20주년을 맞는다. 산림청을 시인청이라고 부르는 이유라며 웃는다.

공직자의 최고 덕목은 열정

　공직자의 최고 덕목은 열정이고, 그 열정은 소명 의식에서 나온다는 것이 그의 소신이다. 그는 후배 공무원들에게 나무를 본받으라고 가르친다.

　"한번 생각해 보세요. 나무는 한번 자리 잡은 곳을 평생 떠나지 않습니다. 또 자기가 뿌리내린 그 자리가 양지든 음지든, 비옥하든 척박하든 원망도 하지 않고, 옆자리를 질투하지도 않지요. 그러면서 자기 나름대로 최선을 다해요. 산소를 뿜어내 동물들에게 이로움을 베풀고, 아름다운 풍경을 주기도 해요. 주변에 온통 베풀기만 합니다. 사람은 어디 그런가요?"

　그래서일까. 그가 온라인에서 쓰는 닉네임은 '굴참나무'다. 우리나라에 가장 많은 나무는 참나무로 상수리나무, 굴참나무, 떡갈나무, 신갈나무, 갈참나무, 졸참나무 등 6종이다. 그중 왜 하필 굴참나무를 닉네임으로 쓰게 되었을까?

　"와인 병뚜껑 만드는 코르크 원료가 굴참나무 껍질이에요. 껍질이 두툼해서 멀찍이 볼 때는 나무가 크고 단단해 보이는데, 고급 목재로는 쓰이지 못해요. 겉보기엔 번지르르한데 실속이 그만 못한 겁니다. 제가 굴참나무인가보다 해서 그렇게 쓰게 됐습니다."

그가 비단산으로 간 까닭은

아내는 꽃 가꾸기를 좋아한다. 그런 아내를 위해 텃밭 딸린 집을 마련하려고 지도를 펼쳤다. 눈길이 고향 보은부터 옥천, 공주, 논산까지 미친다. 마침 금산에 맞춤한 땅이 나왔다. 뒷산을 배경으로 앞으로는 봉황천이 흘렀다. 앞산은 큰 새가 날개를 활짝 펴고 집 쪽으로 날아오는 형상이다. 한눈에 반했다며 웃는다.

"금산(錦山)이라는 지명도 마음에 들었어요. 비단산이라니…. 산림청장이 가서 살기 딱 좋은 곳 아닌가요?"

그는 산림청장 퇴임 후에 농협경제연구소장으로 부임했지만, 밥값을 못한다고 여겨 도중에 스스로 물러났다. 그 대신 생명의 숲국민운동 상임공동대표를 맡아 나무를 심고 가꾸는 일에 힘을 쏟았다. 천리포수목원장으로 3년을 봉직하는 동안에는 설립자(민병갈, 1921~2002)의 뜻을 살려 사람보다는 식물이 행복한 수목원을 만들고자 애썼다. 또 그는 산에서 소득을 올리며 보람 있게 사는 길을 안내하는 산림아카데미를 만들어 이사장으로 1천 명에 달하는 임업인을 배출했다.

올해로 귀촌 16년째다. 귀촌 결심은 빠를수록 좋고, 또 배우자와 함께해야 좋다며 귀촌 생활을 예찬하면서도 조심해야 할 점을 단단히 이른다. 그렇게 그는 금산 농부로, 때로는 시인으로 그리고 아내에게는 머슴으로 산다.

늘 든든하게 곁을 지켜준 그 이름 아내

금산에 터를 잡고부터는 손님이 끊이지 않았다. 집 앞 정자 녹우정에는 매주, 어느 때는 일주일에 두세 번씩 고추장삼겹살 밥상이 차려진다. 오죽하면 이 밥상을 받아보지 못한 사람은 그와 친한 사람이 아니란 말까지 나올까. 교회에서 봉사하는 교사들을 초대하면서도 "여보, 오늘 저녁에 일곱 명 갑니다"라고 전화하면 아내는 군말 없이 청국장, 고추장삼겹살로 뚝딱 한 상을 차려낸다.

공무원인 남편의 박봉을 감내한 아내의 헌신적인 생활기는 눈물겹다. 그는 옛일을 반추했다. "퇴근하고 집에 가면 뭐가 가득해요. 실밥 뜯고, 완구를 만들고…. 나는 기억도 다 못하겠는데, 아내가 물건 떼다가 집에서 만드는 일을 엄청 많이 했지요."

1990년대 중반의 일이다. 휴일을 맞아 아내와 모처럼 시내 나들이에 나섰다. 길에서 음식점 광고전단을 나눠주는데 늘 그랬던 것처럼 지나쳤다. 그러자 아내가 그를 나무랐다.

"여보, 저 사람들 힘들게 일하는데, 우리가 받아줘야 일찍 들어가요. 사실 당신 캐나다에 가 있을 때 저 일 해봐서 알아요."

가슴이 먹먹했다. 그가 캐나다에 다녀온 때가 1984년이었으니, 10년이 훌쩍 지나서야 그 사실을 알게 된 것이다.

그는 지난해 결혼 50주년을 맞아 아내에게 특별한 선물을 했다. 비닐하우스다. 지금까지는 하루하루가 다 결혼기념일이라며 그냥 넘겨왔지만, 그래도 금혼식인데 뭔가 해야지 싶었다. 뭘 해줄까 묻자 아내는 기다렸다는 듯이 텃밭에 비닐하우스가 하나 있으면 좋겠다고 했다. 아무래도 농담 같아 거듭 물었는데 아내는 진심이었다. 텃밭 한 귀퉁이에 8평 비닐하우스가 들어섰다.

"아내가 정말 행복해해요. 늦가을서부터 봄까지는 아침 먹고 따뜻한 비닐하우스에 가서 차 한잔 마시면서 아옹다옹하기도 하니, 또 다른 세상이더군요."

그는 속리산 자락에서 태어나 자랐고 아내는 덕유산 자락에서 태어나 자랐다. "속리산 정기를 타고났다고 하지만, 어디 덕유산만 하겠어요?"라며 웃는다.

방송대는 내게 날개를 달아준 학교

그는 안동영림서 근무 시절에 안동 상지전문대 경영학과(야간반)를 졸업했다. 늘 배움에 목이 말랐던 그는 1982년 방송대 경영학과 학사과정 1기로 편입했다. 사무관 발령을 받아 정신없이 일하던 시기에 그 졸업하기 어렵다는 방송대에 발을 들인 것이다.

"당대 최고 교수님들에게 강의를 듣는다는 것만으로 자랑스러웠어요. 동아리나 학생회 활동까지 참여할 여력은 없었지만, 출석수업만은 꼭 참석해서 또래들과 교류했습니다."

그러다가 1984년 캐나다로 6개월간 단기 유학을 떠나는 바람에 2년 늦어진 1987년에야 방송대를 졸업했다. 그에게 방송대는 꿈을 이뤄준 곳이자 날개를 달아준 곳이다.

"당시만 해도 학력에 따른 차별이 많았어요. 학사 졸업장을 받고 나니 어떤 족쇄 같은 게 풀린 것 같은 기분이 들더군요."

산림청 직원들과 관계도 돈독해졌다. 그의 방송대 졸업을 알게 된 직원들이 "저도 방송대에 다녀요"라고 웃으며 다가왔고, 방송대 입학을 주저하던 직원들에게 용기를 주었다. 그는 새로운 인생 2막을 꿈꾸는 미래의 후배들에게 해주고 싶은 말을 했다.

"방송대 입학을 꺼릴 이유가 전혀 없습니다. 꿈을 이루기 위해서는 주저하지 말고 용기를 내야 해요. 방송대에 입학하는 순간 수많은 동문과 최고 교수진을 멘토로 모시는 행운을 잡는 겁니다. 무엇보다 공부란 자기와의 싸움인데, 자기 관리를 위해서라도 꼭 방송대에 입학할 것을 권장합니다."

(인터뷰·정리: 윤상민)

조연환 | 현재 한국산림아카데미 명예 이사장으로 재직하고 있다. 방송대 경영학과를 졸업했다. 생명의숲국민운동 상임대표, 농협경제연구소장, 천리포수목원장, 산림청장을 지냈다. 녹색문학상, 공무원문예대전 대상 황조근정훈장을 받았다.

우리는 가끔 우리만의 동창회를 즐긴다. 우리 셋은 늦은 나이인데도 여전히 일하고 있으며, 평생 쉬지 않고 공부해왔다는 공통점이 있다. 대학 졸업 후에도 쉬지 않고 공부해서 석·박사학위를 받아 인생 후반전을 준비한 우리 방송대 삼총사는 후배들에게 들려주고 싶은 얘기가 있다. 평생 공부가 살아가는 데 큰 도움이 된다는 사실이다. 나는 방송대에 다니면서 세 가지 선물을 받았다.

세 가지 선물

최수근 _ 1991 프랑스언어문화학과 졸업, 한국조리박물관장

나는 경희대에서 정년 퇴임을 하고, 국내 최초의 조리박물관 관장으로 일하고 있다. 본사는 주방설비 제조회사인데, 놀랍게도 여기서 근무하는 나, 장재규 전무, 김병원 관리이사 세 명이 모두 방송대 출신이다.

우리는 가끔 우리만의 동창회를 즐긴다. 우리 셋은 늦은 나이인데도 여전히 일하고 있으며, 평생 쉬지 않고 공부해왔다는 공통점이 있다.

그 시절, 카세트에 녹음테이프를 넣어 강의 들은 이야기, 직장 마치고 밤에 시험공부를 하면서 고생한 이야기, 회사에 휴가 내고 시험 보러 간 이야기를 나누며 감회에 젖는다. 대학 졸업 후에도 쉬지 않고 공부해서 석·박사 학위를 받아 인생 후반전을 준비한 우리 방송대 삼총사는 후배들에게 들려주고 싶은 얘기가 있다. 평생 공부가 살아가는 데 큰 도움이 된다는 사실이다. 나는 방송대에 다니면서 세 가지 선물을 받았다. 그 선물들이 내가 걷는 길을 더욱 풍성하게 했고 내 직업과 삶의 질을 높여 주었다.

첫 번째 선물

좋은 멘토를 만난 것이다. 바로 프랑스언어문화학과(당시 불어불문학과) 김현곤 교수와 최복현 시인이다.

나는 신라호텔 프랑스 식당에서 셰프로 근무하며 프랑스에 가서 요리 공부를 하고 돌아온 후에 제대로 프랑스어를 배우고 싶어 방송대에 입학했다. 나는 김 교수님이 미식가인 데다가 음식평론가인 것에 호감이 갔다. 김 교수님은 셰프도 프랑스 문화와 역사를 알아야 진정한 프랑스 셰프가 된다는 사실을 가르쳤다. 나는 이때 배운 평론 지식으로 나중에 국내 최초로 경희대 사회교육원에 음식평론 과정을 개설했다.

요리를 만들 때는 좋은 재료의 선택, 조리 기술, 맛을 내기 위한 과정과 정성이 들어가 새로운 음식을 탄생시키는 것이 중요하다. 또 만들어진 음식을 어떻게 담아내느냐에 따라 가치가 달라진다.

좋은 음식은 좋은 평가를 받게 되는데 요즘 요리 평론가들은 신뢰받지 못하는 경우가 많다. 전문 교육을 받고 다면적으로 요리를 평가해야 하는데, 일부 평론가의 단편적인 평가로 인해 셰프들의 불신을 사고 있다.

전문적이고 객관적인 평가를 위한 지식과 기술을 통해서 음식평론가가 갖춰야 할 태도와 역량을 함양하고 세계의 음식평론 흐름을 이해하는 세계적 전문가 양성이 시급하다는 생각이다.

지금은 고인이 된 최복현 시인은 나와 프랑스어 스터디 그룹에서 함께하며 내게 부족한 프랑스어를 가르쳐주고 글 쓰는 방법을 일러주었다. 나는 조리 관련 서적을 10권 냈는데, 그때마다 내 글에 조언을 아끼지 않았다. 봄이면 병이 나아서 같이 조리박물관에 가기로 했는데 그 약속을 못 지키고 저세상으로 먼저 가고 말았다.

두 번째 선물

두 번째 선물은 내가 방송대를 졸업하고 대학교수가 되었다는 사실이다. 1975년 조리를 해야겠다는 일념으로 셰프의 길에 입문했는데 세월이 쏜살같이 흘러 어느덧 40년이 지났다. 경희호텔경영전문학교에서 조리를 전공하고 서린호텔에서 조리와 원가관리 일을 하다 보니 셰프로 성공하려면 꾸준한 노력과 인내가 필요하다고 느꼈다.

이어 미 대사관 클럽에서 1년간 근무하면서 주방의 조직과 양식조리의 기본을 체득할 수 있었다.

또 1978년 하얏트 호텔로 자리를 옮기면서 3년 동안 찬 요리와 소스를 담당했는데, 양식조리의 체계와 식문화를 폭넓게 체험하는 좋은 기회가 되었다.

이후 조리에 대한 배움의 갈증이 해소되지 않아 유학을 꿈꾸었다. 프랑스 유학을 준비하면서 가진 도전의식과 가치관이 지금까지도 내게 큰 힘이 되고 있다.

1981년 신라호텔로 가면서 프랑스 요리와 소스 연구에 관심이 더욱 깊어졌다. 1983년 마침내 프랑스로 유학을 갔는데 '르 코르동 블루'에서의 조리 공부는 서양의 모체 소스를 중심으로 파생 소스를 체계적으로 정리할 수 있는 중요한 계기가 되었다. 당시 이철종 선생님으로부터 배우면서 요리 철학을 정립하는 등 큰 덕을 입었다.

유학을 마치고 돌아와 프랑스에서 배운 지식을 나누기 위해 에스코피에요리연구소(ECA)를 만들어 후배양성 프로그램을 지금까지 운영하고 있다. 여기서 졸업한 후배들이 지금은 교수, 명장, 기능장, 호텔 셰프 등으로 활약하고 있다.

나는 프랑스 요리 유학을 다녀오고 호텔에 근무하면서도 주경야독으로 방송대를 졸업하고 경희대에서 석사까지 마쳤다.

나이 40대 후반에 이직은 엄청난 모험이었다. 1998년 3월, 후배양성을 위해 대학교수가 되었다. 근사한 조리과를 만들고 싶었다. 먼저 학생들의 인성 교육에 중점을 두었다. 모든 학생 행사에 참여하면서 그들과 한 몸이 되었다. 서로가 믿어야 교감이 가고 신뢰를 얻게 된다고 생각했다. 밤새 축제도 함께하고 학생들 취직에도 발 벗고 나섰다.

대학에 있으면 진로 상담 요청이 자주 들어오는데 미래의 후배 셰프라고 생각하며 모두 응해주고 있다. 몇 년 전 이메일로 초등학생 3명이 찾아오고 싶다고 연락을 해왔다. 5학년 학생들이어서 면담을 허락했다.

세 명이 나눠서 질문하고 사진 촬영을 한 후 인터뷰 내용을 녹화하는 방식으로 진행했다. 또 내가 실습하는 실습장을 직접 보고 가는 것을 보면서 직업 선택을 하기 전 실질적인 정보 수집을 하는 능력이 대단하다고 생각했다.

첫 번째 질문. "셰프가 된 특별한 계기가 있다면 무엇인가?" 초등학생의 질문이라기엔 매우 어른스러웠다. 나는 총지배인이 되고 싶었고, 총지배인이 되려면 요리를 알아야 하기에 그 과정으로 요리를 배우게 되었다고 했다.

두 번째 질문. "셰프가 되려면 어떤 과정을 거치고 무엇을 준비해야 하는가?"

나는 학교 졸업 후 호텔에서 근무하다가 학교로 옮겼는데, 이 아이들의 꿈을 깨지 않고 셰프에 대해 좋은 이미지를 심어주어야 한다는 생각이 들어 신중히 대답해 주었다.

세 번째 질문. "셰프라는 직업의 남다른 보람은 무엇인가?"

셰프는 음식을 만드는 직업이어서 고객이 음식을 먹고 감동했다는 인사를 할 때가 가장 보람 있다고 대답했다.

네 번째 질문. "셰프가 되기 위해서 갖추어야 할 것이 있다면 무엇인가?"

셰프가 되려면 요리를 사랑해야 한다. 그리고 셰프는 맛의 창조자이므로 끊임없이 맛을 연구해야 한다. 요리는 전통, 유행, 주관이 잘 조화됨으로써 창조되는 하나의 예술이다. 그런 요리를 셰프는 무엇보다 정성으로 대해야 성공할 수 있다.

다섯 번째 질문. "셰프라는 직업의 장단점은 무엇인가?"

장점은 정년이 없다는 것이고, 요리를 처음 할 때는 인내가 요구되지만, 나중에는 정말 멋있는 직업이라고 이야기해 주었다. 나는 경희대 교수를 지냈지만, 처음에는 호텔에서 셰프 보조로 일했다. 많은 현장 경험을 한 후에 현재의 일을 할 수 있었던 것이지 하루아침에 교수가 된 것이 아니다. 항상 연구하는 자세로 살 것을 조언해 주었다.

여섯 번째 질문. "셰프로서 가장 힘들 때는 언제인가?"

조리는 혼자 하는 것이 아니고 여러 사람이 힘을 합쳐야 좋은 요리를 할 수 있어서 사람들을 이끄는 리더십이 가장 어렵다. 책임자가 되면 많은 셰프들을 이끌고 조리팀을 운영해야 하는데 이것이 참 어려운 일이다.

마지막 질문. "셰프가 되려는 사람에게 해 주고 싶은 말씀이 있다면?"

어느 특정 대학을 위한 조리과 선택이라든지, 어느 특정 호텔 입사를 위해서 셰프를 선택해서는 안 된다. 요리를 사랑하고 셰프를 평생 직업으로 하여 장인으로 성장하기 위해서는 천천히 조리 기본기를 익히고 경영 능력을 갖추도록 노력해야 한다. 그러려면 외국어, 리더십, 식품 재료학, 조리 기능, 아이디어, 음식평론 등에도 관심을 가져야 한다.

나는 인터뷰를 마치고 곰곰 생각했다. 내가 셰프를 하면서 방송대를 다녔기 때문에 이후 꾸준히 노력하는 삶을 살아왔고, 그래서 이런 인터뷰도 할 수 있었고, 이 인터뷰를 통해 좋은 후배 셰프들이 나올 것이라는 기대가 들어 기분이 좋았다.

세 번째 선물

내가 한국조리박물관 관장이 되었다는 사실이다. 나는 평생을 주경야독하며 공부의 끈을 놓지 않고 살아왔다.

방송대 불어불문학과를 졸업했기에 조리박물관 개관도 가능했다. 내가 가장 좋아하고 존경하는 셰프는 '셰프들의 황제'라고 불리는 에스코피에(1846~1935)다. 프랑스 니스에 가면 에스코피에 생가를 조리박물관으로 만들어 놓았는데, 전 세계 셰프들이 이곳을 찾아온다. 나는 1984년에 이 박물관을 보고 나서 조리박물관 건립을 평생 꿈으로 간직하고 살아왔다.

2015년 봄, 박물관 설립의 꿈을 함께 이룰 특별한 인연을 만나 6년 동안 본격적으로 준비하여 박물관을 개관하게 되었다. 평소 문화와 교육에 남다른 관심을 기울이던 ㈜HK 이향천 대표이사와의 만남이 그 시작이다.

박물관 설립의 뜻을 누구보다 반긴 이 대표와의 만남은 천운이

었다. 이 대표는, 조리박물관은 모든 선후배 셰프들의 기증을 토대로 이루어지므로 모든 것을 고객 중심으로 생각하고, 고객이 알고 싶어 하는 것을 먼저 보여주는 것이 좋다고 했다. 함께 우리 박물관의 기본이 관리자가 아니라 고객 중심으로 전시하고, 단순히 박물관을 관리하는 차원이 아닌 박물관을 경영하는 차원으로 사립 박물관의 새로운 경지를 개척해보자는 뜻을 모았다.

나는 조리박물관이라는 영화에서 감독 역할을 맡았을 뿐이라고 생각한다. 주연은 우리나라 200만 선후배 조리인이다. 이 대표는 조리인을 위한 조리박물관 건립에 필요한 모든 것을 최고로 준비했다. 지난 100년의 역사를 향후 100년 역사로 잇는 밑그림이다.

박물관에 오면 차도 마시고, 식사도 하고, 산책과 더불어 박물관 구경을 할 수 있다. 또 선배들의 특별 조리 강의도 들을 수 있는 소통의 종합박물관이다. 전 세계 조리박물관 중에서 이렇게 역동적으로 운영되는 조리박물관은 없을 것이다.

한국조리박물관은 지난 100년 요리 역사를 10년간 차분히 정리하여 오는 100년, 아니 1,000년의 역사를 써 내려갈 세계적인 박물관으로 만들 계획이다. 그야말로 꿈의 박물관으로, 많은 이들의 꿈의 전당이 될 그런 박물관이 되었으면 하는 바람으로 오늘도 자랑스러운 방통대 졸업생으로 힘차게 한국조리박물관에 출근한다.

최수근 | 현재 경희대 명예교수, 한국조리박물관장이다. 경희호텔경영전문대 조리과, 프랑스 Le Cordon Bleu, 영남대 대학원(식품가공학 박사과정)을 졸업했다. 하얏트, 신라호텔(조리과장)에서 근무하고, 1997년부터 경주대, 영남대, 경희대에서 20년간 후학을 양성했으며, 한국조리학회장을 지냈다. 1990년, 한국에스코피에요리연구소를 설립하여 조리 전문가를 배출해오고 있다. 저서로는 『소스의 이론과 실제』『최수근의 서양요리』등이 있다.

나는 고향 충북 청주에 변호사 사무실을 열었다. 가장 어렵고 도움이 필요할 때 손을 잡아준 충북지역 방송대 학우들과 함께하고 싶은 마음이 가장 컸다. 나는 학우들의 경조사를 함께 하고 수시로 만나 정을 나누었다. 또 법학과 후배들의 강의 요청에도 빠짐없이 응했다. 이렇게 나는 지금껏 방송대가 펼쳐 준 마당에서 방송대인들과 함께 숨 쉬며 살고 있다.

방송대에서 시작해 방송대로 이어진 삶

최영준 _1995 법학과 졸업, 변호사

나는 충북 청주에서 3남 2녀의 장남으로 태어났다. 초등학교 4학년 때 아버지가 병환으로 돌아가시고 어머니는 식당 일로 우리를 키웠다. 나는 혼자 고생하는 어머니를 돕고자 중학교 3학년 때 신문 배달을 했고, 빨리 취업해 어머니의 짐을 덜어드리고자 일반고가 아닌 상고(청주상업고등학교)로 진학했다. 공부에 나름 열심이어서 졸업 무렵에는 전교 1등을 했다.

방송대로 다시 살린 희망

일찍 취직하려고 상고에 갔는데, 학업 성적이 월등해지자 대학 진학 욕심이 생겼다. 그래서 더욱 열심히 공부하고 대입학력고사에 응시하여 일반대학 법학과에 합격했다. 입학 등록금을 구하려고 애써봤지만 기한 내에 내지 못해 결국 입학이 취소되었다. 그날 난생처음으로 설움이 복받쳐 숨죽여 울었다. 어머니는 내게 미안하다고 했지만, 지금 생각하면 속없이 어머니 마음을 아프게 한 내가 한심하고 죄송하다.

지금 세 아이의 아버지가 되어 돌아보니 그때 어머니의 심정이 느껴져 가슴이 아려오고, 고생만 하다 돌아가신 어머니가 더욱 그립다.

고3 시절, 대학 진학의 미련을 못 버리면서도 지방공무원시험에 응시하여 합격했다. 2개월간의 합숙연수를 앞두고 있던 나는 여러 대학의 입학 요강을 살펴보던 중에 일하면서 공부를 병행할 수 있다는 방송대 요강을 보았다. 당시 방송대 입학경쟁률은 4대1 정도로, 내신이 3등급 안쪽에 들지 않으면 입학이 어려운 대학으로 인식되던 시절이었다.

나 같은 사람을 위해 존재하는 대학이다 싶었다. 나도 대학 공부를 할 수 있다는 생각에 안도했고, 법학과에 원서를 넣어 합격통지서를 받아들었다. 일반대학 등록이 취소된 아픔을 싹 씻고도 남을 만큼 기뻤다.

방송대에서 보낸 한 철

군 제대 후 복학하여 2학년 2학기가 되었다. 진로를 고민하던 중에 과 동기의 안내로 방송대 충북지역학습관에서 공부도 하면서 학내문제는 물론이고 각종 사회문제를 토론하는 학생자율협의회에 가입하여 활동했다. 나는 여기서 많은 학우를 만나 함께 공부하고 토론하면서 새로운 안목을 기르고 지식을 쌓았다. 동시에 집행부 임원으로도 활동하면서 법학과 선후배는 물론이고 전 충북지역 방송대 학우들과 교류하고 소통했다.

방송대 충북지역 동아리연합회 회장 이·취임식에서(뒷줄 다섯 번째가 필자)

해마다 나흘 일정으로 청명축전이 열릴 때면 각 학과에서 장기자랑을 준비하는 가운데 학우들 간 우정을 쌓았다. 우리 법학과에서는 변론대회를 열어 법학과만의 장기를 학우들 앞에서 선보였다. 각 학과 단위로 여는 일일주점은 흥겨운 잔치마당이자 아이디어 전시장이었다. 과별로 주점 손님을 유치하기 위한 경쟁이 치열한 가운데 기발한 아이디어가 속출하여 흥미를 더했다.

당시 나는 정규직 노동자가 아니어서 닥치는 대로 일했다. 종이공장 생산직, 철물점 임시직, 컴퓨터 대리점 경리직, 맥주 공장 경비직 등 업종과 직무를 가리지 않고 학비를 벌 수 있으면 어디든 가서 일했다. 그런 고단한 삶 가운데서도 방송대 학우들과 함께하는 시간이 있어서 외롭지도 힘들지도 않았다. MT나 일일 호프 행사 같은 학과 활동, 문제의식을 키우고 해결을 모색하는 동아리 활동, 총학생회 축제 참여 활동 같은 소중한 추억이 지금도 생생하다.

우리 법학과 학우들은 선후배들 간의 정이 두텁기로 유명했다. 선배들이 여러모로 후배들의 학습을 돕는 일이 전통으로 굳어지면서 학과 전체의 면학 분위기가 올라가고 자연히 우정이 두터워진 것이다. 사법시험을 준비하던 나도 3학년이 되면서 신입 후배들에게 법학개론, 민법, 형법, 헌법 등의 기초를 가르쳤다. 그러면서 내 공부도 깊어졌고, 다른 사람에게 말해 줄 정도가 되어야 진정한 자기 지식이라는 말을 실감했다. 이때의 인연으로 법학과 학우들 간의 끈끈한 만남을 지금껏 변함없이 이어오고 있다. 내가 그 교량 역할을 하고 있으니 영광이다.

나는 학내 동아리에 가입하여 활동하면서 학내문제를 비롯하여 당시의 시대적 요청이던 민주화 운동에 눈 뜨게 되었다. 서울대학본부 총장실 점거시위 때는 충북지역 학우들을 이끌고 참가하기도 했다. 당시 충북지역학습관에도 대자보 문화가 성행했는데, 나는 대자보를 하도 쓰는 바람에 지금도 매직펜을 들면 저절로 대자보가 써지는 꿈을 꾼다.

나의 사법시험 합격은 벗들의 합작품

나이가 20대 후반에 이르자 현실적인 인생 목표와 실존문제를 고민하게 되었다. 사법시험에 합격하여 집안을 일으켜야 한다는 생각은 어릴 적부터 가진 소망이었다. 법학과 교과과정이 거의 마무리되자 나는 본격적으로 사법시험 공부에 들어갔다.

이제부터는 전혀 다른 생활방식이 요구되었다. 모든 만남과 활동을 접고 오로지 수험서와 씨름해야 했다. 나는 방송대 충북지역학습관 도서관에 제일 먼저 나와서 제일 늦게 나가는 고시생이 되었다. 점심은 도시락을 싸 와서 휴게실에서 때웠다. 한겨울에는 컵라면 국물을 곁들인 것이 유일한 사치였다. 내 사정을 잘 아는 학우들도 격려와 지원을 아끼지 않았다. 그 힘으로 고통스러운 고시생 생활을 이겨냈지만, 합격의 길은 멀었다. 나는 그 시절 충북지역 학우들에게 "휴게실에서 컵라면으로 끼니를 때우며 공부만 하는 학생"으로 기억되었다.

2차까지는 가보지도 못하고 1차 시험만 세 번을 치르고 나서 이대로는 안 되겠다 싶었다. 지역에서 혼자 공부하자니 정보에도 어두웠고 공부도 지지부진한 느낌이었다. 신림동 고시촌에 더도 말고 2개월만 들어가 강의도 들으면서 공부하면 뭔가 결론이 날 듯싶었다. 비용이 문제였다. 생각다 못해 직장 다니는 친구에게 100만 원을 지원해 달라고 손을 내밀었다. 당시로선 적잖은 돈이었다. 친구는 자기도 넉넉한 형편이 아닌데도 그 돈을 선뜻 내주었다. 눈물이 났다. 그 눈물이 나를 더욱 독하게 일으켜 세웠다.

서른 살의 나는 난생처음으로 신림동 고시촌이라는 곳을 구경했다. 그 두 달의 학원 수강과 고시촌 경험은 사법시험 준비에 결정적인 도움이 되었다.

덕분에 1차에 합격하고 나서 2차 공부는 아무래도 다시 신림동 고시촌에서 준비해야 할 것 같은 판단이 섰다. 이번에는 방송대 학우들에게 손을 내밀었다. 학우들은 기꺼이 십시일반으로 정성을 모아 2차 시험준비를 도와주었다. 그 미안하고 고마운 마음을 어찌 말로 표현할 수 있을 것인가. 그래서 나는 더욱 독하게 마음먹고 공부에 매진했다.

2000년 12월, 나는 마침내 제42회 사법시험에 최종합격했다. 나의 성취는 나를 도와준 친구와 학우들이 없었다면 불가능한 일이었다. 만 번을 거듭 감사해도 부족하다.

당시 1차와 2차 모두 방송대 대학본부 도서관에서 얼마간 시험준비를 했는데, 도서관에 방송대 고시반이 있었다. 그 고시반 학우들이 내게 많은 도움을 주고 성원했다. 기회가 되면 그때 그 학우들을 만나 고마운 마음을 전하면서 회포를 풀고 싶다.

변호사 활동과 고향 그리고 영원한 모교

2003년, 나는 사법연수원을 수료하고 고향 충북 청주에 변호사 사무실을 열었다. 고향이고 친구들이 있어서이기도 하지만, 가장 어렵고 도움이 필요할 때 손을 잡아준 충북지역 방송대 학우들과 함께하고 싶은 마음이 가장 컸다. 별일이 없는 한 나는 학우들의 경조사를 함께하고 수시로 만나 정을 나누었다. 또 법학과 후배들의 강의 요청에도 빠짐없이 응했다. 이렇게 나는 지금껏 방송대가 펼쳐준 마당에서 방송대인들과 함께 숨 쉬며 살고 있다.

충북지역 방송대 총동문회 활동도 활발해졌다. 나는 방송대 충북지역동문회장으로 활동하면서 총장님과 역대 총동문회장님들을 만나 교류하는 등 모교 발전의 일익을 담당하는 행운을 누리고 있다.

또 무엇보다 사람들이 변호사인 내가 방송대 출신이라는 것을 알고는 방송대를 다시 보는 것 같아 뿌듯하고 자랑스럽다.

방송대는 청춘 시절 내내 나와 함께 있었고, 그 시절 나의 인생관과 세계관을 형성해준 소중한 인연이다. 지금도 나는 그 시절의 추억을 먹고 살며, 그 시절의 학우들과 교류하고, 그때 체득한 인생관으로 지금껏 충실히 살아오고 있다.

나의 영원한 모교 방송대가 앞으로도 더욱 발전하기를 바라며,

대한민국을 넘어 인류 역사에 훌륭한 발자취를 남기기를 소망한다.

최영준 | 현재 충북 청주에서 최영준변호사사무소를 운영하고 있다. 방송대 법학과를 졸업하고 사법시험에 합격하여 변호사가 되었다. 방송대 충북지역총동문회장, 국제라이온스협회 충북지구 지역부총재를 지내고, 예금보험공사, 한국자산관리공사 등의 공기업에서 고문 변호사로 활동했다.

나는 아직도 배우는 삶의 여정에 있다. 인생 종착역에는 지상에 어떤 그림으로 남아 있을까? 지금은 꿈을 담는 사진가, 좋은 시인이 되기 위해 노력하고 있다. 나는 대학원 졸업 후 시집 『꿈을 만드세요』 출간과 더불어 예술평론가 수전 손택을 통해 그림과는 또 다른 사진에 관심을 가졌다. 본격적으로 전문 아카데미에서 사진 수업을 받고 수료전에 출품해 좋은 반응을 얻었다. 방송대에 다니지 않았다면 이 또한 내 삶의 이야기가 되지 못했을 것이다.

고귀한 꿈의 터전

하지영 _ 2012 교육학과 졸업, 작사가·시인

큰 그림을 그리며 사는 것도 중요하지만 어쩌면 우리는 자신이 가장 작다고 생각할 때 작은 것에 감사하며 정진할 수 있고, 어느 순간 자신도 모르는 사이에 큰 축복 속에 몸담고 있다는 사실을 비로소 알아가는지 모른다. 학업의 기회를 잃은 그 누군가에게 그리고 또 다른 문을 열고자 하는 누군가에게 우리 학교는 영원한 희망의 학교이다. 내게 고귀했던 꿈의 터전인 방송대의 발전을 위해 기도하고 감사하며 영원히 사랑할 것이다. 열린 교육으로 평생학습을 도와주는 방송대는 우리 곁에 영원히 빛나는 모습으로 있을 것이다.

문학과 미술을 사랑한 소녀

나는 어려서부터 미술과 문학에 소질을 보였다. 중학생 때 이미 여러 미술대회와 백일장에서 상을 휩쓸며 교내 미술반, 문예반 활동에서 재능을 인정받았다. 고교에 진학하고 3년간 학급 미화부장을 도맡아 하며 문예 활동에도 적극적이었다.

고등학교를 졸업하고 당연히 미대에 진학할 것으로 기대했지만, 3학년 무렵에 아버지의 사업이 어려움을 겪게 되어 기대를 접어야 했다. 5남매의 장녀인 나는 동생들을 생각하니 미대는커녕 아예 대학 가는 꿈조차 접어야 했다.

그러던 중에 아버지 지인의 추천으로 당시 야간대학이던 칼빈 신학교에 입학했다. 낮에는 미술학원에서 아이들을 가르치고 밤에는 학교를 다녔다. 하지만 미술에 대한 열망을 끊지 못해 휴학을 하고 미대 입시공부를 위해 학비를 벌던 미술 과외도 그만두었다.

독서실에 파묻혀 필기시험을 준비하는 한편 입시 전문 미술학원을 찾아가 레슨비 대신 잡일을 거들면서 실기시험을 준비해 홍익대 미대에 합격했다. 그러나 합격의 기쁨도 잠시, 입학 등록금을 구할 길이 없어 꿈을 놓아야 했다.

뜻하지 않던 작사가의 길로

방송국 기술국에 다니던 남편이 레코드 회사에서 녹음부장으로 일하게 되었다. 그러던 어느 날, 가수 조용필 5집 음반에 들어갈 곡에 내가 우연히 붙인 노랫말이 〈친구여〉이다.

이 노래가 크게 히트하면서 나는 1983년 연말에 제1회 KBS 가사대상에서 입상했다. 이를 계기로 조용필 음반의 6집, 7집, 9집에 참여했다. 1985년 7집에서 참여한 5곡 중 〈들꽃〉은 제3회 가사대상에서 은상을 받았고, 〈여행을 떠나요〉 〈미지의 세계〉 등 5곡이 모두 히트했다. 이렇게 대중가요 작사가의 길을 걸으며 조용

〈들꽃〉으로 은상을 받은 1985년 KBS가사대상 시상식

필의 노래 14곡에 노랫말을 붙였다. 게다가 내가 노랫말을 붙인 김범룡, 구창모, 이선희, 정수라, 최진희, 박강성, 이광조, 오승근, 이치현과벗님들, 노사연, 이무송, 조영남 같은 당대 인기가수들의 노래도 대중의 사랑을 받았다.

　내가 어릴 적, 음악을 좋아하시던 아버지는 퇴근길에 거의 매일 음반을 한 장씩 사 오셨다. 그 덕분에 나는 그 당시 인기를 끌던 거의 모든 장르의 음악을 들으면서 자랐다. 그때 무심코 따라 부르던 노래들이 훗날 작사를 하는 데 도움이 된 듯싶다.

　내 노랫말은 '꿈'으로 가득하다. 〈친구여〉는 "꿈은 하늘에서 잠자고~"로 시작하고, 〈그대 발길 머무는 곳에〉는 "꿈이 꿈으로 끝나지 않을~"것을 소망하며 꿈이 잠들지 않기를 노래했다.

1996년에 대중가요로는 최초로 〈친구여〉가 고등학교 음악 교과서에 등재되었고, 이어 2003년에는 〈여행을 떠나요〉가 중학교 음악 교과서에 실렸다. 가사를 써 오면서 노랫말로 영광스러운 상도 많이 받았다. 작사가로서 이처럼 빛나는 성취에도 불구하고 내 가슴 한편에는 늘 미술을 계속하지 못한 아쉬움이 남아 있었다. 훗날 홍익대 미술교육원에서 유화와 판화를 공부하였고 전시회도 했지만, 채워지지 않는, 토막 난 꿈에 대한 미련이 늘 남아 있었다. 나의 이런 아쉬움은 자연히 자녀들 교육에 대한 열성으로 이어져 갔다. 어느 정도 성장하자 그 열성은 나 자신에게로 향했고, 교회 봉사를 하며 기독교 상담 공부를 하다 보니 학구열이 되살아나 방송대 문을 두드리게 되었다.

행복한 배움의 동행

　아이들은 감사하게도 잘 성장해주었다. 나 역시 열심히 공부하며 사는 모습을 보여주며 멋진 인텔리전트한 엄마가 되고 싶었다.
　두란노서원 바이블칼리지 2년 과정의 기독교 상담 공부를 마치고 연구소에서 집단상담 실습을 하면서 나는 좀 더 깊이 있는 정규대학 과정의 공부가 필요하다는 걸 절감했다. 방송대 교육학과에 입학한 동기이다. 교육학을 공부하는 중에도 한국기독교상

담심리학회에서 주관하는 기독교 상담·심리치료사 자격증을 취득하고 상담 봉사를 했다.

내가 교회에서 순장 사역을 하지 않았다면 방송대에 입학할 생각조차 못 했을 것이다. 교육학 공부는 누구라도 해두면 좋지 않을까 생각한다.

내가 CTS(기독교방송)에서 간증할 때, 방송대 출석수업을 받으러 갔는데 어린 자녀를 데려와서 옆에 앉혀두고 수업을 듣는 학우를 보고 크게 감동했었다는 이야기를 하기도 했다.

방송대 공부를 혼자 할 자신이 없던 나는 남편에게 교육학과에 함께 다니자고 권유했다. 출석수업은 물론이고 지방에서 열리는 특강까지도 열심히 찾아다니는 열정을 보였다. 매달 발간되는 학보를 통해 이런저런 정보를 얻기도 하였다.

나는 우리 과에서 가장 나이가 많아 동기들이 왕언니라고 불렀다. 방송대에는 학우들끼리 모여 공부하는 스터디 그룹이 있었지만, 날짜가 주로 목·금요일 저녁이어서 교회 활동인 다락방 인도 날짜와 겹쳐 참석이 어려웠다.

교육학과를 다니는 동안 남편이 바로 나의 스터디 그룹 멤버나 마찬가지였다. 졸업하기 힘들다는 방송대를 우리는 4년 만에 우수한 성적으로 졸업했다.

신명이 들린 대학원 공부

교육학과를 졸업하고 2013년에 대학원 진학을 알아보던 중 방송대 대학원에 문예창작콘텐츠학과가 새로 신설된 것을 알았다. 너무나 반가웠다. 소녀 시절의 꿈이 되살아났다. 나는 설레는 마음으로 지원했다.

대학원 과정의 평가는 시험 대신 과제 제출 방식이어서 좋았다. 과제 수행을 위해 자료를 수집하러 다니며 모르던 것을 알아가는 일도 무척 새롭고 즐거웠다.

"문화를 모르면 문학을 할 수 없다"는 대학원 학기 초 기초개념 강의에서 들은 교수님의 이 말씀을 새기며 내가 사는 지역을 연구하는 첫 과제를 했던 기억이 떠오른다. 문화재단 자료 수집을 위해 성남 시청, 분당 JOB 센터, 판교 박물관 등을 답사하며 처음엔 어색하기도 하고 설레었지만, 그동안 무관심했던 유물유적과 역사를 바라보는 안목을 키워갈 수 있었다. 어색했던 단계를 거치니 전국의 유적지와 문화원 등을 답사하는 일이 자연스러워졌고, 지금 생각해도 보람된 일이었다. 전국을 탐방하며 견문을 넓히고 구해온 자료들을 토대로 열심히 과제물을 작성했다. 교수님의 인도로 학우들과 단체로 답사를 다녔던 일들도 주마등처럼 스쳐 간다.

모든 과목이 흥미로웠지만, 무엇보다 문화콘텐츠론과 대중문화와 스토리텔링은 대중문화에 대한 이해가 남달리 깊은 교수님의 강의여서 대중가요 작사가인 나로서는 배움이 컸다. 한편 우주를 구성하는 기본 4가지 원소에 대해 끊임없이 사고해온 가스통 바슐라르의 『촛불의 미학』 『불의 정신분석』 『물과 꿈』 『공기와 꿈』 『대지 그리고 휴식의 몽상』 같은 책들을 수업 교재로 삼아 새로운 차원의 미학에 눈뜨게 해준 시창작 강의와 소설을 써 볼 수 있었던 소설창작 강의는 내게 문학에 대한 깊은 의미를 안겨주었다.

내가 하고 싶은 공부를 해본다는 건 참으로 소중한 일이다. 그런 과정을 통해 정체성을 확립하게 된다. 역시 용기를 내어 대학원 문을 두드리길 잘했다고 생각했다. 누구나 배우고자 하는 열의가 있고 환경이 허락한다면 나이는 상관없는 일이다.

논문으로 꽃피운 대중가요 노랫말

문예창작콘텐츠학과 과정에는 대중가요 가사에 관한 수업은 없지만, 나는 입학 면접에서 지원 이유로 답했던 "학위논문을 내 가사로 써보고 싶은" 희망을 실현하고 싶었.

지도교수를 맡아주신 교수님의 지도에 따라 발터 벤야민의 저서를 구해 쌓아놓고 읽고 또 읽었다. 『기술복제시대와 예술 작품』을 비롯하여 중요한 문예·예술비평들을 남긴 벤야민은 대중예술론 공부에서 빼놓을 수 없는 사상가다. 거기다가 1980년대까지 이어온 한국 가요사의 변화 양상에 관련된 자료를 탐색하는 한편 나를 포함한 4인의 작사가들의 가사를 분석하는 데 밤낮을 잊고 매달렸다.

마침내 나의 석사 논문 「조용필 대중가요에서 노랫말의 역할과 특성 연구 -박건호·하지영·김순곤·양인자를 중심으로-」가 심사를 통과한 순간에는 그저 눈물이 앞을 가렸다. 관련 과목이 아예 없는 학과였기에 대중가요 가사를 깊이 이해하고 논문지도를 맡아준 박태상 교수님이 없었다면 세상에 나올 수 없는 논문이었다.

대학원 4학기를 마치면 5학기에는 논문을 쓰는데, 논문 대신

나의 대학원 졸업에 가장 큰 힘이 되어 준 남편과 함께

다른 2과목으로 대체할 수도 있었다. 우리 1기생 중에는 3명만 논문을 썼다. 대학원 공부를 하는 후배들에게 5학기를 다른 2과목으로 대체하지 말고 꼭 논문을 쓰라고 권유하고 싶다. 내 논문을 심사한 교수님 가운데 한 분이 영광스럽게도 맨 먼저 내 논문을 인용했다. 이후로도 많은 연구자가 내 논문을 연구에 인용하고 있다니 이보다 보람된 일이 어디 있겠는가. 그뿐이 아니다. 이 논문을 쓰고 졸업한 나는 대중문화 부문의 여러 활동을 인정받아 대중가요 작사가로는 처음으로 '2017 대한민국 대중문화예술상' 대통령 표창을 받았다.

다시 새로운 길

졸업 후 나는 아직도 배우는 삶의 여정에 있다. 인생 종착역에는 지상에 어떤 그림으로 남아 있을까? 지금은 카메라에 꿈을 담는 사진가, 좋은 시인이 되려 노력하고 있다. 나는 대학원 공부를 할 때 예술평론가 수전 손택의 저서를 통해 그림과는 또 다른 사진에 관심을 가졌다. 졸업 후 본격적으로 전문 사진 아카데미에서 사진 수업을 받고 수료전에 출품해 좋은 반응을 얻었다.

방송대에 다니지 않았다면 이 또한 내 삶의 이야기가 되지 못했을 것이다. 그리고 2020년에 시집 『꿈을 만드세요』를 출간했다. 1990년 시화집 『그대 발길 머무는 곳에』를 낸 이후 30년 만에 낸 시집이다.

꿈이란 자신이 살고 싶은 방향이라 생각한다. 그 꿈을 잃지 말고 늘 품에 안고 살아가다 보면 꿈을 만들어 갈 수 있을 것이다. 평생 학습의 장 방송대는 내게 꿈을 만들어 준 고귀한 꿈의 터전이었다.

그래서 내가 노랫말을 붙인 방송대 제2교가도 "고귀한 꿈의 터전…"으로 시작된다.

하지영 | 1983년 조용필 5집에 〈친구여〉 노랫말을 붙인 것을 계기로 대중가요 작사가의 길로 나서 그해 KBS가사대상에서 입상했다. 이후 조용필 노래의 주요 작사가가 되었으며, 여러 가수의 곡에 주옥같은 노랫말을 붙였다. 2012년 방송대 교육학과(학사), 2015년 방송대 대학원 문예창작콘텐츠학과(석사)를 졸업했다. "대중가요에서 노랫말이 갖는 역할과 특성"을 연구한 석사 논문으로 대중예술론 분야에서 작사가로서의 성취와 독특한 연구업적을 남겼다. 대중문화 부문의 여러 활동을 인정받아 대중가요 작사가로는 처음으로 '2017 대한민국 대중문화예술상' 대통령 표창을 받았다.

교육은 누구에게나 소중하고 가치 있는 것인데 왜 풀기 어려운 국가적 난제가 되었을까? 그것은 교육을 교육 그 자체의 목적으로 보지 않고 선발 기제와 특정직업의 취득수단으로만 보고 이를 당연시하기 때문일 것이다. 교육에 관해 규정한 헌법 전문의 규정을 목적으로 삼고 교육정책을 추진한다면 교육은 그리 어려운 문제가 아니다.

교재로 먼저 만난 인연

황홍규 _ 2002 법학과 졸업, 전 한국대학교육협의회 사무총장

나는 행복한 사람이다. 학생 시절의 '장래 희망'을 이룬 사람이기 때문이다. 나는 방송대가 아니라 방송대 교재와 먼저 인연을 맺었다. 그 인연으로 행정고시에 합격하여 교육정책 담당자가 됨으로써 꿈을 이뤘다. 방송대를 만난 건 그러고도 한참 뒤였다.

어린 시절, 시장통의 철물점에 방 하나와 부엌이 딸린 집에서 부모님과 5형제가 살았다. 아버지는 신문을 하나 구독하셨고 라디오를 늘 켜두셨다. 어린 나는 자연히 신문과 라디오를 통해 단편적이나마 세상 돌아가는 소식을 전해 들었고 특히 우리나라 교육에 문제가 많다는 뉴스를 적지 않게 접하게 되었다.

누구나 그렇듯 어린 시절 내 꿈도 이리저리 흘러 다녔다. 대통령이나 판검사였다가 중학생 때는 목사님이 되고 싶었다. 그도 잠시 내 꿈을 잃고 한동안 방황 아닌 방황을 하다가 얼마간 선생님에 머물렀다.

교재로 먼저 만난 인연

그러다 고등학생 시절 '정치·경제'와 '사회·문화' 수업시간에 입법, 사법, 행정의 개념을 배우게 되었다. 오늘날은 행정권의 역할이 커진 행정국가 시대가 되었다는 얘기를 들으면서 행정권에 들어가 선생님과 학생들을 돕는 교육정책을 담당하는 사람이 되고 싶다는 생각을 하게 되었다. 그래서 고등학교 3학년 때 학교에 적어낸 나의 장래 희망은 '교육정책결정가'였다.

그러나 막상 어떻게 해야 '교육정책결정가'가 되는지는 몰랐다. 막연히 교육학을 공부하면 되나 생각했을 뿐이었다. 그래서 S대 교육학과로 진학하고자 했지만 4년간 학비 전액 장학금과 생활비에 기숙사 입실 그리고 고시반 입반까지 제공하는 H대에 진학했다. 우리 집 형편을 잘 아셨던 담임선생님의 권유이기도 했다. 진학과 동시에 행정고시를 준비했지만, 합격한다고 해서 문교부(지금의 교육부)로 발령 난다는 보장이 없어 고민하던 터에 총무처(지금의 인사혁신처)에서 행정고시를 일반행정직, 재경직, 사회직, 교육직으로 나누어 선발한다고 발표했다. 나를 위해 제도가 바뀐다는 생각이 들었다.

당시 고시 공부하는 사람들에게는 과목마다 시험 대비 기본서가 있었는데, 교육학 과목은 처음이어서 기본서가 없었다. 교재를 찾아 서점에 갔는데 마침 방송대 교육학 교재가 눈에 들어왔다. 방송대 교재는 분량은 많지 않으면서도 핵심 사항 중심으로 알기 쉽게 서술되어 있었다. 강의 없이 읽기만 해도 이해가 되었기에 교육학 과목은 방송대 교재로만 독학했다. 선택은 적중했다. 교육학 과목에서 좋은 점수를 얻어 1983년에 최종 합격했다. 뜻하지 않은 데서 방송대와 인연이 시작된 것이다.

법학과 편입으로 인연을 맺어

이런 인연으로 나는 늘 방송대를 기억해 두고 있었다. 사무관 시절 고등학교 행정실장으로 근무했는데, 고등학교를 졸업하고 9급으로 막 공무원 생활을 시작한 직원이 있어 방송대 진학을 적극 권면했다. 그랬더니 이듬해 방송대에 진학했고, 지금은 중참 사무관으로 소임을 다하고 있다.

정책 차원에서도 방송대에 관심을 가진 적이 있다. 교육부 산업교육총괄과에 근무할 때다. 1995년 김영삼 정부가 제1차 교육개혁안을 발표한 데 이어 1996년 제2차 교육개혁안을 발표했다. 제2차 교육개혁안에 따라 성인 경제활동인구의 전반적인 교육 수준을 획기적으로 높이는 방안으로 산업현장과 원격교육 시스템을 접목한 새로운 유형의 신 대학을 도입하고, 이를 기존 대학, 방송대, 산업체 등이 설립할 수 있도록 했다. 이에 따라 1997년 기술대학 제도가 도입되었다. 그러나 산업체가 대학 운영을 지속한다는 것이 쉽지 않다는 점에서 이 제도가 활성화되지는 못할 것으로 판단되었다.

나는 방송대에 이공계열 학과가 매우 제한적인데 방송대를 방송·기술대로 확대해서 이공계열 학과를 늘리고, 이론과 교양 과목은 방송대가 기존 방식으로 수업하며, 실험·실습 과목은 다른 교육기관에서 이수하고, 근로자의 산업현장 근무경험에 일정 학점을 부여해서 방송·기술대가 학위를 수여하는 방식으로 하면 더 좋을 것이라는 생각을 했다. 지금도 방송대 역할이 더 확대되었으면 하는 바람이 있다.

그러던 차에 사법고시를 볼 요량으로 1999년 법학과에 편입함으로써 나도 방송대의 주인이 되었다. 사법고시 도전은 흐지부지되고 방송대를 졸업한 것으로 만족했지만 공부하고 싶을 때 저렴한 학비로 시간과 장소에 구애받지 않고 대학 공부를 할 수 있어서 고마웠다. 많은 학우가 중도에 포기한다는 것을 알고서 그걸 방지할 수 있는 다양한 방안을 제도 차원에서 고민하기도 했다.

교육과 교육개혁의 등불

방송대와의 이런 인연은 교육정책을 담당하는 공무원으로서 내게 교육과 교육개혁의 목적과 방향은 무엇이어야 하는지를 밝혀주는 등불이 되었다.

우선 공교육제도 개혁에서는 교과서 개혁이 가장 중요하다고 여겼다. 교육학 개론에서는 교육의 3요소로 가르치는 선생님, 배우는 학생, 가르치고 배우는 교육 내용(교재)을 말하는데, 이해하고 알기 쉬운 교재가 있으면 학생들은 스스로 배울 수 있다. 우리나라 초·중·고 교과서는 '지식축약형 교과서'다. 일정한 분량 내에서 학문적 지식을 축약해서 전달할 목적으로 교과서를 구성한다. 초등학교 3, 4학년 교과서부터 어려운 학문 용어가 등장한다. 이때부터 적잖은 학생들이 학업에 흥미를 잃기 시작한다. 학습자가 흥미를 잃지 않고 능동적으로 배우려면 학습자의 눈높이에 맞는 교재가 가장 중요하다는 생각이다.

다시 방송대 얘기로 돌아가면, 고등교육 취학률이 매우 낮은 시기에 설립된 방송대는 고등교육과 평생교육이 필요한 사람들에게 구세주였다. 양성과정을 통해 준교사 자격으로 초등학교에 임용된 교원들은 방송대에 초등교육과가 설치됨으로써 이를 통해 정교사 자격을 취득할 수 있게 되었고, 1981년 학사학위 과정으로 확대 개편됨에 따라 역시 방송대를 거쳐 대학원에 진학하여 계속교육을 받을 수 있게 되었다.

헌법 제31조 제1항은 "모든 국민은 능력에 따라 균등하게 교육을 받을 권리를 가진다"고, 교육기본법 제4조 제1항은 "모든 국민은 성별, 종교, 신념, 인종, 사회적 신분, 경제적 지위 또는 신체적 조건 등을 이유로 교육에서 차별을 받지 아니한다"고 하여 교육의 기회균등 보장을 규정한다. 방송대는 교육의 기회균등 보장에 크게 이바지해오고 있다. 아직도 폐쇄적이고 경직된 교육제도와 경제적 이유로 많은 사람에게 여전히 교육의 기회가 닫혀 있는 가운데 방송대도 설치학과가 제한적이라는 점에서 한계가 있다.

교육부 법무담당관실 사무관으로 근무하던 1996년경, 한 정부 기관의 직원이 와서 자기 기관이 운영하는 연수원을 대학으로 개편할 수 있는지 문의했지만 어렵다는 대답을 듣고 돌아갔다. 당시 이를 듣고만 있던 나는 왜 그 기관이 연수원을 대학으로 개편하고자 하는지 생각해 보았다. 전문 영역을 담당하는 그 기관의 성격상 직원들이 연수원을 통해 익힌 지식과 역량에 대해 학위라는 객관적 인증을 받을 필요가 있고, 또한 학사학위를 거쳐 석·박사 학위도 취득할 수 있게 하는 등 계속교육을 필요로 하고 있다는 데 생각이 미쳤다. 그렇다면 그 기관의 요구를 어떻게 하면 들어 줄 수 있을까 고민하다가 무릎을 쳤다. 해당 기관 업무와 관련된 분야의 학과를 둔 대학과 계약을 맺어 그 직원들을 위한 교육 과정을 별도로 개설·운영할 수 있게 하고, 연수 결과와 해당 분야 근무경력을 학점으로 인정해주면서 학위를 주면 되겠다는 생각이 들었다.

그러다 김대중 정부 시절이던 2001년 산학협력을 담당하는 과장 보직을 맡게 되어 산업교육진흥법을 개정하여 산업체와 대학이 계약을 통해 대학에 산업체 임직원의 교육을 위한 학과를 설치·운영할 수 있도록 하는 제도를 도입했다. 2021년 현재 이 제도를 통해 5천여 명의 직장인들이 고등교육과 계속교육의 기회를 누리고 있다.

봉사자의 마음으로 공직 수행

"공무원은 국민 전체에 대한 봉사자이며, 국민에 대하여 책임을 진다."

나는 이 헌법 7조 1항을 공무원으로서 늘 마음에 새기고 일해 왔다. H대 행정학과를 다니면서 배운 것이 있다. 공무원은 납세자에게 책임을 져야 한다는 것이다. 공무원은 국민이 낸 세금으로 급여를 받고 일한다. 당연히 공무원은 고용주인 국민을 위해 일해야 한다. 어떻게 해야 국민을 위해 일할 수 있는가?

국민의 소리를 듣는 것이 무엇보다 중요하다. 특히 힘없는 민원인의 소리에 더 귀를 기울이는 태도가 필요하다. 공무원의 창의력은 민원을 겸손히 듣고 해결해 주고자 하는 마음에서 생긴다.

교육부 사무관 시절 같은 부처의 과학기술과에서 대통령 공약에 따라 경기도의 한 농업고등학교에 부설로 전문대학 졸업 학력을 인정받는 전액 국비 지원의 2년제 농업후계자 양성과정을 설치해서 이제 2년 차가 되어 졸업 연도가 되는데 학력 인정 문제가 해결되지 않았다면서 해결책을 물어왔다. 교육법 체계상 교육감 소관으로 전문대학 과정 운영은 불가능하기에 해법이 없다는 판단이 있었지만, 나는 국가가 국민에게 한 약속은 반드시 지켜야 하고, 국민이 국가로부터 피해를 받는 일은 없어야 한다고 생각하고 해법을 찾았다. 산업교육진흥법시행령에 산업교육 기관

에 부설된 단기산업교육 시설에서 전문대 교육과정을 이수한 사람에 대해 교육부 장관이 학력을 인정할 수 있는 규정을 신설하고 이를 소급 적용하는 방법으로 문제를 해결했다.

교육개혁, 헌법정신에 따르면 어려울 거 없어

교육만큼 어려운 문제가 없다고 한다. 대학입시 등 많은 문제를 안고 있는 것이 사실이다. 교육은 누구에게나 소중하고 가치 있는 것인데 왜 풀기 어려운 국가적 난제가 되었을까?

그것은 교육을 교육 그 자체의 목적으로 보지 않고 선발 기제와 특정직업의 취득수단으로만 보고 이를 당연시하기 때문일 것이다. "우리 대한국민은~정치·경제·사회·문화의 모든 영역에 있어서 각인의 기회를 균등히 하고, 능력을 최고도로 발휘하게 하며"라고 규정한 헌법 전문의 규정을 목적으로 삼고 교육정책을 추진한다면 교육은 그리 어려운 문제가 아니다.

장애 학생들에게 세밀한 교육적 배려를 하듯 상대적으로 어렵고 힘든 처지에 있는 사람에게 더욱 나은 교육 기회를 제공해야 한다. 특히 지금 자라나는 세대는 초저출산 세대다. 이들 한 명 한 명이 너무나 소중하고 귀하다. 이들 모두에게 각자의 여건과 특성에 맞는 최고의 교육을 최선을 다해 제공해야 한다. 그런데 대학 간, 학교 간, 지역 간 교육여건의 격차가 너무 심하다. 교육여건 격차 해소는 우리나라의 역량으로 볼 때 정부의 의지만 있으면 충분히 해결할 수 있다고 믿는다.

> **황홍규** | 방송대(법학과)와 한양대(행정학과)를 졸업하고, 한양대 대학원(교육학석사, 법학박사)을 졸업했다. 1986년 행정고시로 사무관에 임용되었다. 교육인적자원부 사학정책과장, 대통령비서실 교육비서관실 행정관, 국가균형발전위원회 지역혁신국장, 교육과학기술부 대학연구기관지원정책관, 광주광역시 부교육감, 전라북도 부교육감, 한국대학교육협의회 사무총장 등을 지냈다. 논문으로 「초·중등교육법 제·개정 연혁 고찰 및 시사점」 외 여러 편이 있다.